한국사傳
2

한국사傳 2

「인물」로 만나는 또 하나의 역사

KBS한국사傳 제작팀

한겨레출판

한국의 역사에서는 수많은 인물들이 명멸해갔다. 굵은 선을 그으며 현재까지 그 이름이 널리 기억되는 인물이 있는가 하면, 역사에 끼친 역할에도 불구하고 이름조차 생소한 경우도 적지 않다. 〈한국사傳〉은 〈역사추리〉, 〈TV조선왕조실록〉, 〈역사스페셜〉 등 그동안 KBS에서 축적한 역사 다큐멘터리 제작 역량을 바탕으로 '인물을 통한 한국사의 재조명'을 시도한 프로그램이다. 역사적 상황에 대한 인물의 삶과 대응 양상을 보여주면서 과거와 현재의 대화를 시도하고 있다. 〈한국사傳〉은 역사 인물의 재발굴과 재해석을 통하여 그들의 삶이 지닌 의미를 풀어나간다. 국사 책에서 이름 정도는 들어본 인물은 물론이고 무명의 인물도 등장시켜 우리 역사를 장식한 다양한 이들의 고민과 현실대응 양상 등을 조명하고 있다.

영상으로만 접하던 〈한국사傳〉이 책으로 나왔다. 1권이 출간된 직후 역사 분야 베스트셀러에 오를 정도로 독자들로부터 큰 호응을 얻어서인지 바로 두 번째 책이 나왔다. 이 책에서 다루고 있는 인물은 최초로 세계를 본 왕실 여성이었지만 비극적인 최후를 마친 소현세자빈 강씨, 《토정비결》의 저자로 알려졌으며 기인의 면모보다는 실용 경제가의 자질을 보였던 이지함, 뛰어난 외교술로 삼국통일의 주역이 된 김춘추, 아무도 감히 직언을 할 수 없던 시절 연산군에게 직분을 다하다가 죽임을 당한 내시 김처선, 세계 최강 몽골군을 무찌른 고려 장군 김윤후, 국익을 위하여 누구 하나 손대기 싫어했던 삼전도 비문을 작성했던 이경석 등 어려웠던 시대 자신의 안위보다는 국가라는 전체를 위해 일했던 인물들이 살았던 시대와 그들의 고민을 선명하게 그려내고 있다. 이외에 무인 정조, 수사관 정약용처럼 유명 인물의 잘 알려지지 않은 비화들도 소개하고 있다.

필자는 〈한국사傳〉의 기획 단계부터 참여했고, 지금도 일부 프로그램에 대해 자문 활동을 하는 만큼 무엇보다 이 프로그램에 대한 애착이 많다. 또한 역사학자들의 논문이나 저술로 설명할 수 없는 내용을 영상매체로 쉽게 전달할 수 있게 한 프로그램 연출자와 작가들이 역사의 대중화에 기여한 바를 누구보다 잘 알고 있다. 따라서 무엇보다이 책이 역사 전공자와 방송 관계자 간에 서로 호흡할 수 있는 가교가 되기를 기대한다.

오랜 역사만큼이나 각 시대에 다양하게 배출된 인물들의 삶과 고민은 단순한 과거로 끝나지 않는다. 현재에도 되살아나 우리시대 문제를 해결하는 방향타가 되기도 한다. 이 책을 통해 독자 여러분이 한국사에 '무한 관심' 을 지니게 되었으면 한다.

건국대학교 사학과 교수
신병주

역사를 뒤흔든 '개인'들의 리얼 드라마

도대체 사람 이야기는 왜 재미있을까?

사람의 이야기에 무슨 큰 의미가 있기에 모든 드라마와 연극, 영화는 그 사람들이 주고받는 대사만으로도 작품을 메워나갈 수 있는 것일까? 세상에는 대사 없이 살아가는 동물은 얼마나 많으며, 주고받는 대사 없이 벌어지는 현상은 얼마나 많은가? 주고받는 대사도 없이 쓰나미는 일어나 사람을 죽이고, 대사도 없이 꽃들은 자란다. 그럼에도 왜 우리는 지독히도 사람들의 대사에만 집중하는 것일까? 그건 아마도 다른 사람들의 삶과 생각과 대응방식을 보면서, 그 속에서 자신에게 유익한 무언가를 무의식중에 찾고 있는 것일지도 모른다. 실제 일어나지도 않은 허구의 드라마를 보면서 그 허구 속에서 인간의 진실을 찾아나가고 있는 것이다. 드라마는 자신을 비춰보는 거울인 셈이다. 그러나 그 거울은 진실한 거울일까?

그래서 출발한 것이 역사프로그램 〈한국사傳〉이다. 왜 많은 사람들이 작가의 손끝에서 나오는 허구의 사건에 자신을 비춰보려 하는 것일까? 허구가 아닌 실제의 이야기는 많다. 그 진짜 사건들 중에 중요하지 않거나 재미없는 이야기들이 시간의 흐름과 더불어 하나둘 사라지고 마지막까지 남은 것, 그것이 바로 역사인 것이다.

　전통적인 역사서는 보통 기전체(紀傳體)로 구성된다. 기전체의 기(紀)는 황제나 왕, 국가의 이야기다. 즉 사람의 이야기라기보다는 시스템의 이야기다. 전(傳)은 보통 열전이라고 부르는 것으로, 바로 역사 속 사람들의 이야기이다. 그 속에는 진짜 사람들의 삶과 죽음, 성공과 실패, 사랑과 증오까지 기록되어 있다. 그들의 삶은 드라마로 가득 차 있다. 그런데 그 드라마는 허구가 아닌 실제다. 그들이 살인을 했을 때 그 살인은 정말 일어난 사건이었으며, 그들이 사랑을 했을 때 그 사랑은 지구상에 정말 존재했던 사랑인 것이다. 게다가 역사 속의 개인들은 단순한 개인들이 아니다. 그들은 의미 있는 족적을 남기고 사라져간 개인들이며, 그들이 선택한 길은 역사를 뒤흔든 길이었다.

　그들의 삶을 유심히 보면 인간과 역사의 길이 함께 보인다. 역사는 왜곡되지 않은 거울이다. 동양의 역사가들은 역사가 감계(鑑戒)기능을 한다고 말했다. 역사에 비춰보고 경계할 수 있도록 한다는 뜻이다. 그래서 역사는 부끄러운 치부마저 그대로 기록해야 한다고 믿었고 실제로 그렇게 했다. 그만큼 역사는 리얼하다. 〈한국사傳〉은 시스템 이야기인 기(紀)를 잠시 접어두고 리얼 휴먼스토리로 가득한 전 (傳)에 주목하고자 했다.

KBS 역사프로그램은 줄곧 "역사의 대중화"라는 화두를 안고 왔다. 역사가 일부학자나 지식계층의 전유물로 남아 있어서는 안 된다는 생각이었다. 그런 이유로 때로는 역사를 이야기하는 방식에서 학자 들과 대립하기도 했다. 많은 학자들은 KBS가 엄정성을 잃고 복잡한 사안을 지나치게 단순화했다고 비판하기도 하고, 일부에서는 역사프 로그램이 역사를 전달하는 하나의 방식으로서 의미가 있다고 긍정적 으로 평가하기도 했다. 역사가 진정 가치 있는 것이라면 대중과 나누 어야 한다는 것이 제작진의 생각이다. 지금까지 대중과 나누기 위해 서 KBS는 수많은 시도를 해왔고 앞으로도 할 것이다.

〈한국사傳〉 역시 역사를 좀 더 쉽고 재미있게 대중에게 전달하려는 시도의 하나이다.

처음에는 타이틀이 이상하다는 사람들이 많았다. 傳이라는 한자가 주는 익숙지 않은 분위기와, 한글로 적었을 때 느껴지는 뜻의 모호함 때문일 것이다. 그런데도 그 모호함을 굳이 끌고 가기로 한 것은 역 사는 고리타분하다는 선입관을 지우고, 산뜻하고 새롭게 역사이야기를 하고 싶었기 때문이다.

〈한국사傳〉은 기전체 역사서의 열전 가운데 한 편이기도 하고 '홍길동傳'처럼 어떤 옛 사람의 이야기이기도 하다. 내용을 쉽게 전달하기 위해 스토리텔링을 중시하고 부분적으로 재연 기법을 사용하고 있지만, 기본전제는 엄정한 사실을 중시하는 다큐멘터리이다. 그래서 재연배우가 등장하지만 그들의 대사는 작가가 임의로 만들어낸 것이 아니라, 사료에 기록된 내용 그대로이다.

〈한국사傳〉은 이전의 역사스페셜, HD역사스페셜, 조선왕조실록, 역사추리, 역사의 라이벌 등 KBS 역사프로그램의 전통을 이어받은 프로그램이다. 본래 역사다큐멘터리는 현장에서의 임의연출이 통하지 않는다. 사전의 철저한 사료조사 없이는 프로그램을 만들 수 없다. 완성도를 높이기 위해서는 오로지 제작자의 개인 시간을 프로그램에 바치는 수밖에 없다. 〈한국사傳〉은 KBS 최고 수준의 프로듀서들이 개인적인 일정까지 포기하고 만들어가는 프로그램이다. 그렇게 할 수 있는 동력은 제작 프로듀서들이 역사프로그램의 가치를 스스로 인정하기 때문이다. 역사는 지나간 과거의 단순한 일이 아니라 현재를 비춰보는 가장 왜곡되지 않은 거울이고, 불확실한 현재에서 미래를 추측할 수 있는 유일한 케이스스터디라는 신념을 가지고 있기 때문이다.

작년 봄, 〈한국사傳〉을 출범시키기 위해 제작진은 변산반도로 갔다. 주변에 사극 '불멸의 이순신'을 촬영한 세트장이 있고 KBS가 이용할 수 있는 콘도가 있어서였다. 그 콘도에서 프로그램 기획회의를 하고 덤으로 세트장을 사전 답사할 생각이었다. 참가자는 지금은 건국대학교 교수로 갔지만 당시 규장각에 있던 신병주 교수와 프로듀서 몇 사람, 작가가 전부였다.

봄 바다를 앞에 두고 웃고 떠들었지만 사실 암담했다. 역사를 인물로 풀어보자는 기본전제에는 모두 동의하고 있었지만 과연 성공할 수 있을까? 사회자를 두 사람의 남자 엠시로 하자고 제안하면서도 그것이 과연 효과가 있을지 두려웠다. 한마디 한마디가 조심스러웠고 순간의 판단착오는 곧 시청자의 외면으로 이어질 것 같았다. 그때 나왔던 이야기가 시청자가 이해하기 힘든 사료를 그대로 보여주지 말고, 대신 사료에 나오는 대사를 재연해서 제공하자는 것이었다. 역사프로그램이지만 현대적 감각의 화면연출을 하자고 했다. 어렵고 딱딱한 역사프로그램을 시청자의 시각에서 받아들이기 쉽게 만드는 것이 성공의 관건이라고 보았다.

첫 프로그램은 역관 홍순언으로 정했다. 개인의 사소한 일이 역사를 어떻게 움직였는지 보여줄 좋은 소재라고 판단했다. 왕조의 역사, 제왕의 역사뿐 아니라, 역사를 역사 속의 인간의 관점에서 다시 보자는 기획의도와 잘 맞아떨어지는 아이템이었다. 성공적이었다.

　그 후 방송이 계속되자 호평이 잇따랐다. 일간신문들은 "다큐멘터리계의 이효리", "지루한 역사다큐 고정관념 깼다", "한 인물 다른 평가 눈에 띄네" 등의 파격적인 머리글로 〈한국사傳〉의 시도를 평가해주었고 이제 책으로 출판되기에 이르렀다..실제 있었던 역사 속 사람들의 이야기, 의미 있는 사람들의 리얼 드라마를 책으로도 확인할 수 있기를 바랄 뿐이다.

　프로그램에 도움을 주신 모든 분들에게 감사드린다. 가장 크게는 시청자에게 감사드리며, 공영방송이 끝까지 역사프로그램에 투자할 수 있도록 시청자들과 독자들께서 관심과 질책을 함께 보내주시기를 부탁드린다.

한국사傳 책임프로듀서
장영주

I

조선 인조 23년(1645) 가을.

한 여인이 왕에게 억울함을 호소하고 있다.

왕은 끝내 외면한다.

왕의 며느리인 소현세자빈 강씨.

그녀와 인조 사이에 무슨 일이 있었던 것일까?

왜 세자빈은 시아버지에게 사약을 받은 것일까?

새로운
조선을 꿈꾼 여걸
— 소현세자빈 강씨

시아버지에게 죽임을 당한 며느리.
그녀는 조선의 16대 왕인 인조의 큰 아들
소현세자(昭顯世子 · 1612~1645)의 부인이다. 사실 인조가 처음부터
맏며느리를 탐탁찮아 한 것은 아니었다. 사약을 내리기 18년 전,
인조는 왕실의 며느리를 맞으면서
'명문가의 출신으로 덕이 있고 유순한 이' 를 얻었다며 기뻐했다.
왕의 부인을 비(妃), 세자의 부인을 빈(嬪)이라 일컫는데,
이후 이 여인은 강빈(姜嬪 · 1611~1646)이라 불린다.
강빈은 결혼 후 시아버지 인조의 총애를 받았다.
그러나 당시 시대적 상황이 이들을 가만 놔두지 않았다.
거대한 역사의 소용돌이에 휘말리면서 강빈은 예상치 못한 삶을 살게 된다.

병자호란의 발발과 정축화약

인조 14년, 청나라가 병자호란을 일
으켰다. 명나라를 따르며 청나라를
무시하는 조선을 응징하려는 목적
에서였다. 10만 대군을 거느린 파죽
지세의 청나라군은 압록강을 건너
순식간에 한성 턱밑까지 들이닥쳤
다. 조선 조정은 혼란에 빠졌다. 맞
서 싸우자는 척화론과 일단 화해하
자는 주화론이 팽팽히 맞선 가운데,
인조는 선뜻 결단을 내리지 못하고

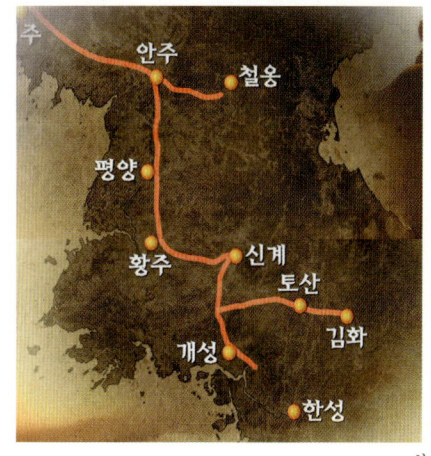

병자호란 때 청나라의 침략 지도.

있었다. 인조의 곁에는 맏아들 소현세자와 소현세자의 부인 강빈과
아들, 즉 원손이 있었다. 인조는 우선 왕실 여인들과 왕자들을 강화
도로 피신시켰다. 강빈과 원손도 그 피난 행렬에 있었다.

전쟁 때마다 왕실의 피난처가 된 강화도. 지금은 다리가 놓였지만

김포시 월곶면의 갑곶나루 선착장이 있던 곳. 지금은 다리가 놓였다.

조선시대에 강화도로 가기 위해서는 지금의 김포시 월곶면 갑곶나루 선착장에 있던 나루터에서 배를 타고 바다를 건너야 했다. 그런데 선착장에 도착한 강빈 일행은 타고 갈 배가 없어서 강화도로 건너가지 못한 채 발을 동동 굴러야 했다. 왕실의 피난을 책임진 검찰사 김경징(金慶徵·1589~1637)이 자신의 식솔들을 챙기는 데 모든 배를 사용해버린 것이다.

> 경징이 배를 모아 가족과 친구들을 먼저 건너가게 하고 다른 이들은 건너가지 못하게 하였다. ─《연려실기술》 25권 인조조 고사본말

배를 구하지 못한 강빈 일행은 강화도를 코앞에 두고 이틀이나 발이 묶였다. 때는 음력 12월. 병자년의 추위는 혹독했다. 뒤에선 청나

라군이 쫓아오고 있었다. 이런 상황을 그냥 두고 볼 수 없었던 강빈이 드디어 경징을 크게 꾸짖었다.

慶徵慶徵 汝何忍爲此

경징아, 경징아, 네 어찌 이럴 수 있느냐.

—《병자록丙子錄》

왕실 여인으로선 무척 파격적인 언사였다. 소설 《강빈》의 저자인 박정애 강원대학교 스토리텔링학과 교수는 강빈이 경징을 꾸짖는 대목에서 강빈의 성격이 잘 드러난다고 지적한다. 즉 "당시 사회는 여성의 목소리가 담장을 넘어가면 안 되는 분위기였지만 강빈은 가만히 앉아서 처분만 기다리는 성격이 아니라, 분노해야 할 상황에서는 분노하고 목소리를 내야 할 때 내는 성격이었다"는 것이다.

강빈의 일갈에 배가 마련되었고 일행은 비로소 강화도로 건너갈 수 있었다. 그렇게 천신만고 끝에 강화도에 도착한 강빈 일행.

강화도는 천혜의 요새였다. 아무리 막강한 군대라도 바다로 둘러싸인 강화도를 점령하기란 쉽지 않았다. 그러나 청나라 10만 대군은 철저히 준비했고, 이에 맞선 조선군은 싸울 능력도 의지도 없었다. 강화도의 산성 방어를 강화해야 한다는 충고가 잇따랐지만, 검찰사 김경징은 아무런 대책도 없이 방탕하게 시간을 보냈다.

강화문화원의 유중원 씨는 "김경징이 바다로 둘러싸인 강화도에 적들이 감히 쳐들어올 수 없다고 생각해서 안하무인으로 먹고 놀았다"고 설명한다. 지형적 이점만 믿고 방비를 하지 않아 스스로 화를

병자호란 때 강빈 일행이 피신했던 강화산성. 사적 제132호.

자초한 것이다. 조선이 그렇게 허송세월을 보내는 사이 청나라군은 강을 건너 순식간에 강화산성에 들이닥쳤다. 인조 15년(1637) 1월 22일이었다.

이제 산성이 함락되는 것은 시간 문제였다. 강빈은 왕자들은 물론 돌도 안 된 원손의 생사도 장담할 수 없는 상황에서 결단을 내린다.

> 나와 대군은 마땅히 이곳에서 죽을 것이나 원손이 같이 죽는 것은 차마 볼 수 없다. 너희들은 이 아이를 안고 나가서 피해 있으라. 불행히 강을 건너지 못하면 산골짜기에 숨어 있으라. 죽든지 살든지 너희들이 잘 처리해라.
>
> —《연려실기술》25권 인조조 고사본말

결혼 9년 만에 얻은 귀한 아들이자 조선의 희망이 걸려 있는 원손이었다. 강빈은 그 불씨만은 남기고자 했다. 세자빈으로서 원손을 지키는 마지막 책무를 마치고 강빈은 자결을 결심한다. 왕실 여인이 할수 있는 유일한 선택이었다. 그러나 신하들의 강한 만류로 그마저도 실행에 옮기지 못했다.

> 빈궁(강빈)이 일의 형세가 어찌할 수 없음을 알고 칼을 취해 자기 목을 찌르니 급히 붙들어 큰 상처에는 이르지 못했다. ─《연려실기술》 25권 인조조 고사본말

삼전도비. 사적 제101호.

1637년 1월 30일, 병자호란이 발발한 지 52일 만에 결국 조선은 청나라에 항복하고 만다. 인조는 서울과 남한산성을 이어주던 나루, 삼전도(三田渡)에서 청나라 황제에게 세 번 절하고 아홉 번 머리를 조아리는 삼배구고두례(三拜九叩頭禮)를 행했다. 그리고 그 자리에서 치욕적인 정축화약(丁丑和約), 이른바 삼전도조약까지 맺었다.

그런데 이 정축화약에는 장차 소현세자와 강빈의 운명을 뒤바꿀 조항이 들어 있었으니, 바로 "너(인조)의 맏아들과 다른 아들 하나를 인질로 삼으라"는 조건이었다. 인조는 이 요구에 따라 소현세자와 봉림대군을 청나라로 보내야 했다.

조선 땅을 벗어난 최초의 왕실 여인

인조 15년 1월 30일.《실록》에 따르면 인조는 소현세자 일행이 청나라 인질로 떠나기 전에 마지막으로 며느리를 보기 위해 막사에 들렀다. 언제 다시 만날지 모르는 기약 없는 이별이었다. 이때까지만 해도 인조가 며느리 강빈을 진심으로 걱정하고 있었음을 알 수 있다.

《가례도감의궤》 중 가마를 탄 강빈의 모습.

인조 15년(1637) 2월 5일, 강빈과 소현세자는 청나라의 인질이 되어 만주로 향했다. 구중궁궐이 세상의 전부였던 강빈은 처음으로 조선을 벗어나 넓은 대륙을 보게 된다. 4월 10일, 60여 일의 여행 끝에 강빈 일행은 청나라의 수도 심양(瀋陽)에 도착했다. 그런데 그곳에서 예기치 못한 일이 발생한다.

> 청나라 장수 용골대(龍骨大): 황제가 계신 곳에서는 왕의 부인도 감히 가마를 탈 수 없소. 그러니 빈궁의 행차도 성 안에서는 말을 타도록 하시오.
> 조선의 신하: 무엄하오. 조선의 법도에 빈궁마마께서 가마에서 내려 말을 타는 법은 없소이다.
>
> —《심양장계瀋陽狀啓》

청나라 군사가 청의 예법을 강요하며 강빈의 가마를 막고 나선 것이다. 많은 수행원과 세자까지 하릴없이 멈춰서야 했다. 사태를 해결하기 위해 마침내 강빈이 결단을 내렸다. 가마에서 내리기로 마음먹은 것이다. 조선의 법도 때문에 여러 사람을 고생시킬 순 없었다. 전혀 다른 세상에 왔음을 실감한 강빈은 가마에서 내린 후 대담하게 말에 올라탔다. 그렇게 심양에서의 파격적인 생활이 시작되었다.

강빈은 여느 왕실 여인들과는 많이 달랐다. 위기 상황에서도 대담한 기지를 발휘하고, 실리를 위해선 과감히 체면을 벗어던질 줄 아는 여성이었다. 조선 땅을 벗어난 최초의 왕실 여인 강빈은 낯선 땅 중국에서 새 삶을 시작했다. 그때 강빈의 나이 27세, 과연 그녀는 어떤 삶을 살았을까?

심양에서의 억류 생활

강빈과 소현세자 일행이 인질로 끌려가 생활한 심양은 중국 10대 도시 가운데 하나다. 최근 무서운 속도로 발전하고 있는 이 도시가 청나라의 첫 수도였다. 만주족을 통합한 후금(後金)은 1636년에 나라 이름을 청으로 바꾸고 새 황제를 등극시킨다. 그가 바로 누르하치의 후계자인 청 태종, 홍타이지(皇太極 · 1592~1643)다. 청나라는 막강한 전투력을 보유한 팔기군(八旗軍)을 앞세워 차츰 세력을 넓혀갔다. 만주의 여진족을 하나로 통합한 청나라는 이제 중원의 명나라를 넘보고 있었다. 강빈 일행이 심양에 끌려오던 당시, 대세는 이미 청나라로

청나라의 첫 수도였던 심양의 현재 모습.

기운 상태였다.

　한편 청에 패한 조선 백성들의 운명은 가혹했다. 심양으로 수많은 조선인 포로들이 잡혀왔고, 노예 시장에서 사고 팔렸다. 이를 지켜본 강빈은 나약한 조선의 처지를 뼈저리게 느꼈다. 소현세자의 심양 생활을 기록한 《심양일기》는 당시의 사정을 이렇게 적고 있다.

　　포로의 매매를 허락하여 청인들이 남녀들을 성문 밖에 집합시키니 그 수가 수만이라. 혹 모자가 상봉하고 혹 형제가 서로 만나 얼싸안고 울부짖으니 그 울음소리가 천지를 진동하였다.

　병자호란 때 화친을 주장하고 청에 항복한 최명길(崔鳴吉)의 《지천

옛 고려관이 있던 자리.

《집遲川集》에 보면 당시 청에 잡혀간 조선 사람이 50만 명이었다는 기록이 나온다. 이철성 건양대학교 교양학부 교수는 "그 기록을 다 믿을 순 없지만 수십만 명은 잡혀간 것으로 추정되며, 심양 남문시장 거리에 조선의 노예들을 사고 파는 시장이 형성되었다"고 설명한다.

강빈과 소현세자도 사실상 포로나 다름없었다. 강빈 일행은 청나라 황궁의 남쪽인 대남문 근처 고려관(심양관)에서 살았다. 1907년에 제작된 심양 지도에는 대남문 대로의 동쪽 지점에 고려관이란 글씨가 선명하다. 20세기 초까지도 그 자리에 심양관 건물이 남아 있었다. 지금은 낡은 아파트 사이의 조그만 공터인 그곳에서 370여 년 전 강빈과 소현세자는 8년이란 긴 세월 동안 청나라의 감시 아래 억류 생활을 했다.

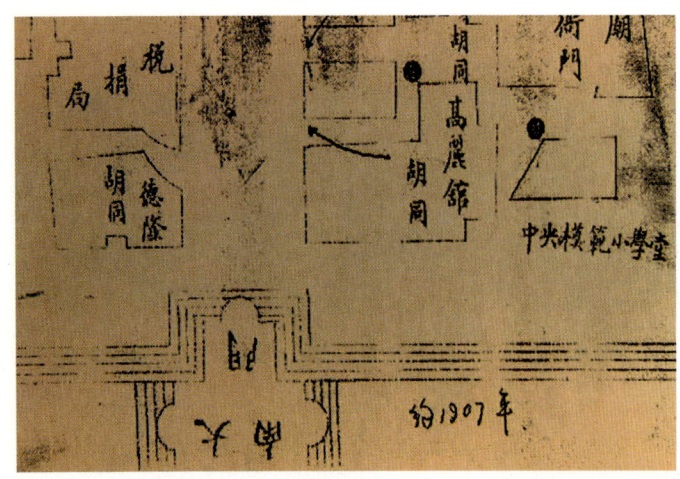

1907년에 제작된 심양 지도. 대남문과 강빈 일행이 억류됐던 고려 관의 위치가 자세히 나 와 있다.

함께 현장을 답사한 심양 아동도서관장이자 향토사학자인 홍주웅 당 씨는 "강빈 일행이 머물렀던 고려관은 황궁에서 멀지도, 가깝지도 않은 거리"라고 말한다. "황궁에서 멀지 않기 때문에 통제하기 쉬웠 고, 황궁과 적당히 떨어져 있기 때문에 심양 도성의 성벽 위에서 청 나라 병사들이 심양관 사람들의 행동을 감시할 수 있었다"는 것이다. 청나라가 사전에 치밀하게 강빈 일행을 억류할 장소를 물색했음을 알 수 있는 대목이다.

무역으로 부자가 된 강빈 일행

조선을 떠나온 지 석 달째 되던 인조 15년 5월 7일, 비로소 강빈과 소 현세자는 심양관에 자리를 잡았다. 함께 온 궁녀와 신하까지 조선인 일행은 모두 192명. 당장 대식구가 먹고 사는 일이 문제였다. 《인조실록》에 "심양에 있는 사람들의 거처와 의복이 마치 변방을 지키는 병사들과 같았다"고 기록될 정도로 초창기 이들의 생활은 열악하기 그지없었다. 게다가 명나라와 전쟁 중이던 청나라는 수시로 조선군의 파병과 군수물자 협력을 요구하며 소현세자를 압박했다.

신병주 건국대학교 사학과 교수는 당시 청나라는 명나라를 정복하는 데 혈안이 되어 있던 터라 소현세자 일행의 경제적인 대우에 거의 신경을 쓰지 않았을 것이라고 설명한다. 즉 인질 생활 초기에 "소현세자 일행은 정치적으로 혼돈에 휩싸였고, 경제적으로도 청의 적극적인 지원을 받지 못하는 어려운 상황이 계속되었을 것"이라는 말이다.

어렵게 심양 생활 3년째를 꾸려가던 인조 17년(1639) 6월, 강빈과 소현세자에게 난국을 타개할 수 있는 기회가 찾아왔다. 청나라 왕족한 사람이 은밀히 사람을 보내 은자 500냥과 편지를 전해왔다. 편지에는 면포, 표범가죽, 수달피 등 조선의 물건을 원한다는 내용이 적혀 있었다.

> 심양 팔왕(八王)이 은밀히 은자 5백 냥을 보내 무역을 요구하였다.
>
> ─《인조실록》 인조 17년 9월 12일

문제의 편지를 보낸 팔왕은 청 태조 누르하치의 열두 번째 아들이었다. 청의 최고위 왕족이 밀거래를 요구한 것이다. 팔왕은 포로 신세인 소현세자에게 왜 이런 요구를 했을까?

청나라의 초기 유물을 전시해놓은 심양고궁박물관 전경.

청나라의 초기 유물을 전시하고 있는 심양고궁박물관을 둘러보면 청나라가 군사력은 명나라를 위협할 정도로 막강했지만 생활 수준은 그리 높지 않았음을 짐작할 수 있다. 청나라 귀족이 쓰던 방을 재현해놓았는데, 별다른 장식 없이 앉을 자리만 마련되어 있다. 유목민족인 청나라 사람들은 농사와 수공예에 서툴렀다.

또 원래 수렵민족으로 산간 지역에서 살았기 때문에 농경문화에 잘 적응하지 못했다. 대신 생활필수품이나 생산도구 등을 교역을 통해 해결했다. 그런데 주요 교역대상국이었던 명나라와 적대적인 관계로 돌아서자 더 이상 그런 물건들을 구할 수 없게 되었다.

결국 팔왕은 명나라를 대신해 조선을 교역대상국으로 선택한 셈이다. 팔왕과의 첫 거래가 이뤄진 후 청나라와의 본격적인 무역이 시작됐다. 종이와 담배 등 일상용품에서부터 홍시와 배 등 과일에 이르기

심양고궁박물관 내에 전시된 청나라 귀족의 방.

청나라가 명나라에서 수입해서 썼던 생활물품들. 심양고궁박물관 소장.

까지 그 대상과 양이 점점 늘어났다. 팔왕과의 무역을 통해 심양관은
시급한 생계 문제를 해결할 수 있었다.

　모든 거래는 강빈이 직접 챙겼다. 《인조실록》에는 "강씨가 반드시
장계를 가져다 임의로 써 넣거나 삭제하였다"는 대목이 나온다. 청의
요구를 조정에 전달하는 공식문서인 장계(狀啓)도 강빈의 손을 거쳤
다는 것을 알 수 있다. 이덕일 한가람역사문화연구소 소장은 이와 같
은 능동적인 자세는 "궁궐의 세자빈 시절과는 달리 심양관에서는 모

든 문제를 스스로 헤쳐나가야 하는 상황에 강빈이 적극적으로 대처한 결과 나타난 새로운 역할모델"이었다고 분석한다.

강빈은 새로운 무대인 중국에서 세자빈이라는 체면을 벗어던지고 경제활동에 앞장섰다. 덕분에 심양관은 문전성시를 이뤘다. 이를 두고 《인조실록》은 "진기한 물품들을 무역하느라 관소의 문이 마치 시장 같았다"고 적고 있다. 조선의 질 좋은 물품과 청나라 지배층의 두둑한 재력을 연결하는 일종의 국제 무역시장이 만들어진 셈이다.

재물도 쌓이기 시작했다. 심양관 식구들의 생계를 해결하기 위해 시작한 장사는 강빈에게 엄청난 부를 안겨주었다. 《인조실록》에 따르면 강빈의 개인 재물만도 "은 1만 650냥, 황금이 160냥에 이르렀다"고 한다.

그런데 인조는 심양관과 강빈의 무역활동을 매우 못마땅하게 여겼다. 왜 그랬을까?

> 학문을 강론하는 일은 전혀 폐지하고 오직 돈벌이만을 일삼아 크게 인망을 잃었다. ─《인조실록》 인조 23년 4월 26일

인조 입장에서는 왕실의 세자빈이 오랑캐를 상대로 돈벌이에 나섰다는 사실 자체를 용납할 수 없었던 것이다. 그때부터 인조의 마음에서 소현세자와 강빈은 점점 멀어져갔다. 그러나 그런 임금의 마음을 알 리가 없던 소현세자는 심양관의 재력을 바탕으로 청나라의 실력자들과 교분을 쌓아나갔다. 덕분에 세자와 조선을 압박하던 이들과도 우호적인 관계를 유지할 수 있었다.

무역은 이제 정치력을 발휘하고 있었다. 그리고 그 뒤에는 뛰어난 경영 능력을 지닌 강빈이 있었다.

강빈이 일군 청나라의 조선 땅

조정에 보내는 장계까지 직접 챙길 정도로 심양관의 실질적인 경영을 도맡았던 강빈. 강빈의 이런 행동은 당시 조선에선 받아들이기 힘든 파격적인 모습이었다. 조선 사대부 여인의 기본 법도는 집에선 아버지를 따르고(在家從父), 시집가선 남편을 따르며(適人從夫), 남편이 죽으면 아들을 따르는(夫死從子) 이른바 '삼종지도(三從之道)'였다. 그런데 다른 이도 아닌 세자빈이 사업에 나섰으니 인조가 못마땅하게 여긴 것도 어찌 보면 당연했다. 게다가 강빈은 여기서 한발 더 나아가 또 다른 일을 도모하기에 이른다.

심양 생활 5년째 되던 인조 19년 12월. 청나라는 소현세자 측에게 예상치 못한 제안을 했다.

皇帝以爲 朝鮮王子入來 今過五年 不可年給料 自明年春耕作

황제께서 '조선의 왕자가 이곳에 온 지 금년으로 5년이 지났으니 더 이상은 식량을 대줄 수 없으니 내년 봄부터는 직접 농사를 지어 먹으라' 하셨습니다.

느닷없는 제안에 소현세자 측은 당황했다.

今忽使之自耕而食是 猶奪赤子之乳 而使自求食 兒寧不啼號哉
이제 갑자기 스스로 농사를 지어 먹으라 하는 것은 어린아이의 젖을 뺏고
스스로 먹을 것을 찾아 먹으라는 것과 같으니 어찌 울부짖지 않겠습니까?

—《심양일기》심양장계

농사는 곧 정착을 의미했다. 고려관의 신하들은 조선에 돌아가지
못할 것을 우려해 계속 반대했다. 그러자 청나라는 다른 조건을 제시
했다.

則被擄人贖出 而王子早晚歸去時率居
이곳의 조선인 포로들을 직접 속환하여 농사를 짓게 하고 왕자가 돌아갈
때 데리고 가면 되지 않겠소.

조선인 포로들을 돈을 주고 되찾아가서 농사를 지으라는 얘기였
다. 청나라 측의 새로운 제안에도 조선 측 신하들은 계속해서 반대했
다. 그러나 강빈의 생각은 달랐다. 노예시장에서 보았던 조선인 포로
들의 참상을 강빈은 잊지 않고 있었다. 농사는 그들을 해방할 수 있
는 기회였다. 결국 그녀는 제의를 받아들였다.

청나라가 준 땅은 사실상 황무지나 다름없었다. 강빈과 조선인 포
로들은 그 땅을 일구어 논밭을 만들고 곡식을 심었다.《심양장계》에
따르면 당시 심양관의 농장은 모두 여섯 곳이었다. 노가새(老家塞), 사

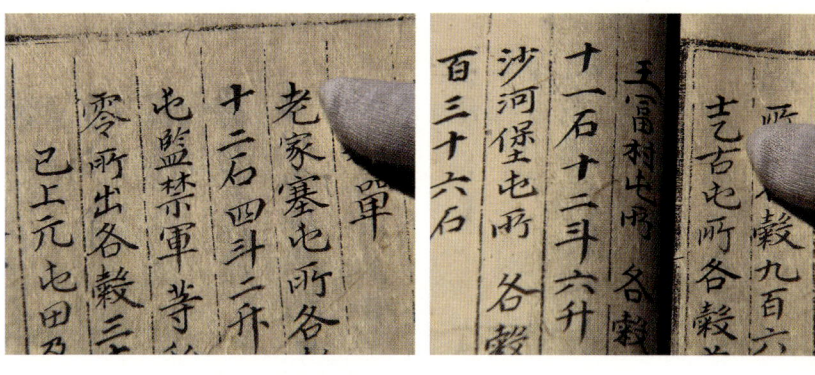

《심양장계》에 강빈이 일군 농장들이 있었던 지명들이 나온다.

을고(土乙古), 왕부촌(王富村), 사하보(沙河保) 등 그 지명까지 상세히 기록되어 있다. 과연 이 농장들은 어디에 있었을까?

1917년에 펴낸 심양현의 지도를 따라 심양의 남쪽 지역을 찾아보았다. 그 결과 도성에서 약 30킬로미터 떨어진 곳에서 눈길을 끄는 지명을 발견했다. '사하포(沙河浦)', 바로《심양장계》에 기록된 '사하보'였다.

옛 지도를 따라 찾아간 사하포는 지금 '사하(沙河)'란 지명으로 불리는 곳으로, 강빈이 경작한 사하보 농장이 있던 곳이다. 마을 주변의 너른 들에선 지금도 여전히 벼농사가 한창이다. 강빈은 이곳 사하보를 포함해 '천일갈이', 즉 천 일 동안 농사를 지어야 할 넓이의 광활한 땅에 농장을 일구었다.

그런데 청나라는 왜 갑작스레 직접 농사를 지어 식량을 해결하라고 했을까? 함께 사하보를 둘러본 통위에 씨는 그 배경으로 숭덕 7년(1642)에 발생한 자연재해를 주목했다. "세자와 봉림대군 등 심양관 일행은 식량을 청나라 조정에서 배급받는데, 재해 때문에 식량이

옛날 강빈의 농장이 있었던 사하보의 현재 모습.

부족해지자 직접 곡식을 심어 양식을 해결하라"는 제의를 했다는 것
이다.

거칠고 험한 유목민족의 땅에서 강빈은 조선의 우수한 기술을 살
려 농사를 지었다. 성과는 대단했다. 양식을 마련하고자 시작한 농사
로 수년 후에는 필요량의 세 배가 넘는 곡식들이 쌓이기에 이르렀다.
곡식은 청나라의 것보다 품질이 좋았고, 자연히 청나라 왕족들에게
높은 값에 팔렸다.

농장이 성공을 거둔 데에는 강빈의 경영 능력이 큰 몫을 했다. 그
녀는 농사를 잘 지은 이들에게 상을 주고 다른 사람들의 본보기로 삼
는, 일종의 성과급 제도까지 도입했다.

올해 심양은 매우 풍작입니다. 농부들의 부지런하고 게으른 것을 살펴 마

땅히 상벌을 해야 할 것입니다. 우수한 사람은 특별히 상을 주어 다른 사람들을 격려하게 하고, 그 공들인 보람을 내년에 찾고자 합니다. —《심양장계》

《심양장계》에는 당시 상을 받은 이들의 이름이 기록되어 있다. 특이한 점은 그들의 출신 성분. "속환 출신 이우춘(李遇春), 공속(公贖) 서남(徐男)"이라는 대목에서 알 수 있듯이 그들은 해방된 조선인 노예였다. 강빈은 곡식을 팔아 번 돈으로 조선인 포로들을 사들여, 농장 일꾼으로 고용한 것이다. 절망에서 벗어나 희망을 찾은 조선인 포로 출신 일꾼들은 그만큼 열심히 일했다.

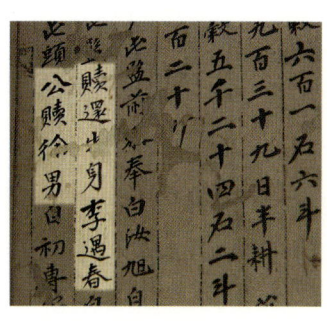

강빈의 농장에서 일했던 일꾼들의 이름을 기록한 《심양장계》 부분. 포로 출신 조선인들의 이름이 실려 있다.

박정애 교수는 "패전국의 세자빈으로서 강빈은 조선 백성들이 죄 없이 포로로 끌려와서 고통을 당하는 것에 대해 강한 책임감을 느꼈고, 이들이 곤경을 어떻게 헤쳐나갈 수 있을지 끊임없이 고민했을 것"이라고 추정한다. 그런 책임감이 대규모 영농과 무역을 통해 벌어들인 자금으로 속환 사업을 계속 벌이고 공동체를 만드는 원동력이 되었다는 것이다.

점점 멀어지는 시아버지와 며느리

나라와 가족으로부터 버림받은 조선인 포로들에게 강빈과 소현세자는 유일한 희망이었다. 강빈이 벌어들인 돈으로 해방시킨 포로들이 어느덧 수백 명에 달했다.

그러나 강빈과 소현세자의 선행이 가시화되고 널리 알려질수록 이를 지켜보는 인조의 마음은 점점 굳어갔다. 인조는 아들의 포로 구출 사업을 국왕인 자신의 권위에 도전하는 것으로 여겼다. 신병주 교수는 조선 본국의 입장에서 보면 그럴 수 있는 일이라고 풀이한다. "조선 조정도 어쩌지 못하던 포로 송환 사업을 세자가 적극적으로 추진하는 것에 상당히 부담을 느꼈기 때문에 격려보다는 견제를 할 수밖에 없고, 세자가 그런 움직임을 통해 정치적 야망 같은 것을 키워가지 않을까" 하는 우려를 품었다는 것이다.

병자호란을 일으킨 청 태종의 초상화.

사실 인조의 우려에는 그만한 이유가 있었다. 병자호란에서 승리한 청 태종은 인조에게 굴욕적인 조건을 제시했다. "만일 너(인조)에게 뜻하지 않은 일이 발생하면 짐이 인질로 삼은 아들을 왕으로 세울 것이다"라는 정축화약의 조항이 그것이다. 인조는 불안했다. 게다가 세자는 민심까지 얻고 있었다. 증오의 화살은 이런 일을 가능케 한 며느리 강빈에게 향했다.

며느리에 대한 인조의 증오는 강빈의 친정아버지 강석기(姜碩期 · 1580~1643)가 죽고 장례를 치르는 동안 노골적으로 표출됐다. 강석기가 사망한 것은 강빈 일행이 심양 생활을 한 지 7년째 되던 1643년

6월 13일이었다. 강빈은 아버지의 상을 치르기 위해 청나라에서 먼 길을 달려갔지만 인조는 며느리가 친정에 가는 것조차 허락하지 않 았다. 인조의 가혹한 조치에 보다 못한 신하들이 나섰다.

8년 동안 서로 막혀 있다가 천리길에 돌아와 어버이를 만나보지 않고 그냥 돌아갈 수 있겠습니까? 부모의 상에는 가서 곡하지 않을 수 없습니다.

—《인조실록》 인조 22년 2월 9일

그러나 강빈을 향한 인조의 증오는 이미 돌이킬 수 없는 지경에 이 르러 있었다. 인조는 세자빈이 부친의 빈소를 찾는 것은 왕실 법도에 없는 예의라며 끝내 허락하지 않았다.

민심이 안정되지 않은 것이 걱정되어 법 밖의 예의에는 생각이 미치지 않 는다. —《인조실록》 인조 22년 2월 9일

결국 강빈은 허망하게 발길을 돌려야 했다.

강빈은 부친의 빈소에서 한 번 울어보지도 못하고 심양으로 다시 돌아왔다. 강빈의 심양 생활에 대한 인조의 의심과 불만이 그만큼 컸 던 것이다. 그 후 시아버지와 며느리, 둘 사이는 점점 멀어져갔다.

청나라는 인조에게 평생 씻을 수 없는 굴욕을 안겨주었는데, 그런 그들과 잘 지내는 소현세자와 강빈이 인조의 눈에 곱게 비칠 리 만무 했다. 그러나 소현세자와 강빈은 청나라에서 새로운 세상을 보았다. 그리고 차츰 실용주의자로 변모해갔다. 그 두 사람 앞에 인생을 송두

리째 바꿀 또 다른 기회가 다가오고 있었다.

조선의 세자, 천주교를 만나다

인조 22년(1644) 5월 2일. 줄기차게 명나라의 숨통을 죄던 청나라가
마침내 만리장성을 넘어 북경에 입성했다. 소현세자는 조선이 온힘
을 다해 섬기던 명나라의 최후를 생생히 목격했다. 세자와 강빈을 비
롯한 심양관 식구들도 북경으로 옮겨갔다. 그곳에서 두 사람은 전혀

강빈과 소현세자가 자주 찾았던 북경의 천주교회
남당(南堂) 내부.

다른 세계에 눈을 뜬다. 그들의
거처에서 멀지 않은 곳에 있었던
천주교회 남당(南堂). 소현세자 부
부는 북경에서 지내면서 그곳을
자주 찾았다. 당시 북경에서는 서
양 선교사들이 활발히 활동하고
있었다.

그 대표적 인물이 아담 샬(Johann
Adam Schall von Bell · 1591~1666) 신
부였다. 그는 소현세자와 깊은 만
남을 가졌다. 중국 천주교의 역사
를 정리한 책인 《정교봉포正教奉褒》
는 두 사람의 만남을 다음과 같이

소현세자가 북경에서 교류했던 아담 샬 신부.

기록한다.

순치 원년(1644년) 조선 국왕 이종(인조)의 세자가 북경에 인질로 와서 탕약
망(아담 샬)의 명성을 듣고 자주 천주당에 왔다.

예수회 신부 아담 샬과의 만남을
통해 강빈과 소현세자는 천주교의 세
계에 눈을 떴다. 성리학을 최고의 학
문이자 유일한 진리로 알아온 이들에
게 천주교리는 커다란 충격으로 다가
왔다.

한편 아담 샬과의 만남은 서양 과
학과의 만남이기도 했다. 아담 샬 신
부는 당시 세계 최고 수준의 천문학

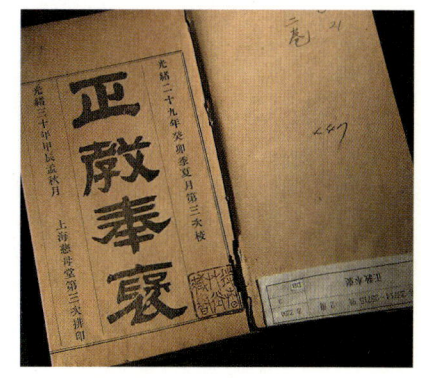

중국 천주교 역사서. 아담 샬과 소현세자의
만남이 묘사돼 있다.

자로서 명나라와 청나라 때 국립천문대인 흠천감(欽天監)의 최고 책임
자이기도 했다. 명나라가 망하고 청나라가 들어서는 혼란 속에서도
그 자리를 유지할 만큼 독보적인 존재였다.

북경 고관상대박물관의 리둥서영 관장에 따르면 아담 샬, 즉 중국
식 이름으로 탕약망(湯若望)은 서양 선교사로는 처음으로 흠천감의
최고 책임자가 되었고, 별을 관측하고 역서(曆書)를 편찬하는 등 많
은 업적을 남겼다고 한다. 그를 통해 만난 서양의 수준 높은 과학기
술은 소현세자와 강빈을 사로잡기에 충분했다. 아담 샬은 소현세자
와의 만남을 이렇게 기억한다.

예전 흠천감에 해당하는 북경 고관상대와 그 내부.

조선의 왕자는 매우 정중히 저희 집을 방문했습니다. 그는 중국에서 역학
(曆學)을 좀 더 익히도록 하려고 조선에서 역관(曆官)으로 일하는 이들 몇몇
을 데려왔습니다. 저는 기꺼이 그들을 도와주었습니다. ―《아담 샬 회고록》

소현세자가 아담 샬의 천문역법에 관심을 보인 이유는 무엇일까? 바로 선진 천문역법을 조선에 들여가고 싶은 욕구 때문이었다. 문중양 서울대학교 역사학과 교수는 "당시 조선은 200년 이상 된 아주 낙후한 천문역법을 사용하고 있었는데, 이런 상황을 정확히 파악하고 있던 소현세자는 당연히 아담 샬의 천문역법 지식이 중국이나 조선의 천문역법에 비해 훨씬 뛰어나고 우수하다는 것을 인지하고 있었다"고 설명한다.

아담 샬은 소현세자에게 천주교와 서양 과학에 관련된 많은 물건과 서적을 선물했다. 세자는 흥분했다.

> 제가 조선으로 돌아갈 때 이것들을 궁정으로 갖고 갈 뿐 아니라, 인쇄하고 옮겨 적어 선비들에게 널리 알리겠습니다. 선비들은 마치 사막에 살다가 학문의 전당으로 옮겨가는 행운을 맞은 양 탄복할 것입니다.
>
> ─《아담 샬 회고록》 소현세자 편지

아담 샬을 통해 천주교를 만난 소현세자는 조선으로 돌아갈 때 신부도 함께 데려가고 싶다고 아담 샬에게 부탁했다. 아담 샬은 신부 대신에 천주교 신자인 명나라 환관과 궁녀를 소개했다. 이 천주교 신자인 궁녀의 조선행은 지금껏 많은 추측을 낳고 있다.

이에 대해 이덕일 소장은 "궁녀는 소현세자를 따라왔다기보다는 강빈을 따라왔다고 보는 게 정확하다"고 해석한다. 그는 더 이상 사료적 뒷받침이 없기 때문에 단정하는 것은 억측이라고 전제하면서 "궁녀가 따라왔다는 부분은 강빈이 어떤 형태로든 궁녀들을 통해 천주교의 존재나 천주교 교리에 대해 알고 있었을 가능성이 매우 높다"고 지적한다.

인조 23년(1645) 2월 1일, 강빈과 소현세자는 드디어 귀국길에 오른다. 인질 생활은 두 사람에게 큰 시련이었지만 또 많은 것을 얻는 기회이기도 했다. 이제 강빈은 새로운 조선을 꿈꾸고 있었다.

8년간의 중국생활을 마치고 돌아올 즈음, 강빈과 소현세자는 많이 달라져 있었다. 그들은 청나라의 실체를 인정하고 실리를 중시하게 되었다.

그러나 조선은 아직도 멸망한 명나라를 섬길 만큼 명분과 의리를 중시하는 성리학 중심의 사회였다. 그리고 그 중심에 인조가 있었다. 인조와 조선 사대부들에게 소현세자와 강빈은 어떻게 비쳤을까? 조선을 새로운 나라로 만들고자 한 이들의 꿈은 과연 이루어질 수 있었을까?

소현세자의 죽음과 강빈의 몰락

생사의 고비를 넘어 다시 조선으로 돌아온 맏아들 내외를 대하는 인조의 태도는 냉랭하기 그지없었다. 소현세자가 중국에서 가져온 서양 서적과 과학기기, 천주교 물품들도 전혀 환영받지 못했다. 청나라에 씻을 수 없는 굴욕을 당한 인조에게, 청나라 문물을 전하는 아들

부부는 배신자나 마찬가지였다. 이런 입장은 당시 조선 사대부들의 지배적인 생각이기도 했다. "세자가 돌아올 때에 북경의 물건들을 많이 싣고 와서 사람들이 매우 실망했다"라는 《인조실록》의 대목이 이런 분위기를 잘 반영한다.

세자 부부는 점점 고립되어갔다. 그리고 두 사람이 귀국한 지 두 달 뒤인 1645년 4월 25일, 소현세자가 돌연 사망했다. 누가 봐도 의문스러운 죽음이었다. 시신의 상태부터 이상했다. 온몸에 검은 빛이 돌았고, 얼굴엔 선혈이 낭자했다. 사관조차 독살 의혹을 제기할 정도였다.

> 온몸이 전부 검은 빛이고 얼굴의 일곱 구멍에서 모두 피가 흘러 나왔다. 마치 약물에 중독되어 죽은 사람 같았다. —《인조실록》인조 23년 6월 27일

소현세자가 죽고 난 뒤, 왕실에서는 더욱 이해할 수 없는 일들이 벌어졌다. 마치 기다렸다는 듯이 아우인 봉림대군을 세자로 책봉한 것이다. 《책례도감의궤》를 보면 소현세자가 사망한 순치 2년 을유년(1645) 9월에 동생이었던 봉림대군이 왕세자로서 인조의 뒤를 이어 왕이 되는 과정이 등장한다. 세자가 죽으면 세자의 아들, 즉 원손에게 왕통을 잇게 하는 것이 조선의 법도였다. 그런

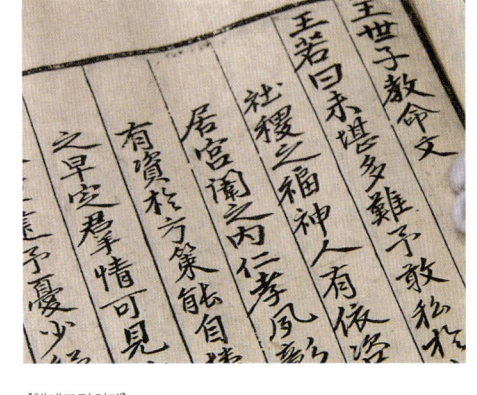

《책례도감의궤》.

데 인조는 원손이 아닌 동생 봉림대군을 후사로 정한 것이다.

이에 대해 신병주 교수는 "소현세자 가족에 대한 인조의 불신이 매우 커서 청나라 물을 먹은 소현세자 세력이 조선의 왕권을 이어서는 안 된다는 의지가 명확히 드러난" 사건으로 보고 있다.

급작스런 남편의 죽음과 전격적인 세자 책봉. 강빈은 억울함을 호소했지만 인조는 끝내 외면했다. 그리고 강빈을 감금했다. 당시 그녀는 유복자를 임신한 상태였다. 강빈은 홀로 갇힌 상태에서 아이를 낳았지만 결국 사산되었다.

인조의 학대는 그것으로 끝나지 않았다. 계속해서 강빈에게 칼날이 겨눠졌다. 1646년 1월 3일, 인조는 수라상의 음식에 독이 들었다는 이유를 들어 강빈 측 궁녀들을 고문했다. 그리고 그 배후로 강빈을 지목했다. 그녀의 무고함을 말하던 궁녀들은 고문 속에 죽어갔다. 인조에게 강빈은 이미 역적이었다.

> 인조: 강씨가 소시에는 별로 불순한 일이 없었는데, 심양을 왕래한 뒤로부터 갑자기 전과 달라졌소. 이 사람이 귀국할 때에 금백(金帛; 황금과 비단)을 많이 싣고 왔으니, 이것을 뿌린다면 무슨 일인들 못하겠소.
>
> 김자점(金自點): 강씨가 반드시 강원(講院)의 장계(狀啓)를 가져다가 마음대로 써 넣기도 하고 삭제하기도 했다 합니다. 어찌 부인으로서 바깥일에 이런 데까지 간여할 수 있단 말입니까.
>
> —《인조실록》 인조 24년 2월 7일

결국 인조는 강빈의 지위를 박탈하고 궁궐에서 내쫓았다. 1646년

3월 15일의 일이었다. 그리고 바로 그날, 강빈에게 사약이 내려졌다. 열일곱 살에 궁에 들어와 세자빈이 된 지 19년 만에 대역 죄인의 나락으로 떨어진 것이다.

명분과 형식에서 벗어나 실리를 추구했던 강빈. 실용적인 새로운 나라 조선도 그녀의 죽음과 함께 사라졌다. 그리고 역사는 그녀를 불순한 행실자로 기록했다.

> 강씨는 성격이 거셌는데 끝내 불순한 행실로 상의 뜻을 거슬러 오다가 드디어 사사되기에 이르렀다. ─《인조실록》인조 24년 3월 15일

시아버지 인조에 의해 서른여섯의 짧은 생을 마감한 강빈의 불행은 죽어서도 끝나지 않았다. 역적으로 몰려 죽임을 당한 강빈은 남편 소현세자의 곁에 묻히지 못하고 집안의 선산에 홀로 묻혀야 했다. 그로부터 강빈이 명예가 회복되기까지는 73년의 세월을 기다려야 했다. 숙종 대에 비로소 강빈의 억울함을 인정하여 그 명예를 회복하고 슬픔을 위로한다는 뜻의 '민회빈(愍懷嬪)' 이라는 시호를 내린 것이다.

혼란한 시기에 태어나 파란만장한 삶을 살다 간 비운의 여인, 강빈. 오늘날 역사는 강빈을 '현실의 고난을 스스로 헤쳐나간 강인한 여성 리더' 로 다시 평가하고 있다.

한국사
傳 2

2

1578년 7월, 충청남도 아산현 관아.

고을의 백성들이 뛰어 나와 눈물바다를 이루고 있었다.

그 고을 현감의 죽음 때문이었다.

부임한 지 불과 3개월밖에 되지 않았던 고을 현감의 죽음.

백성들은 마치 제 부모를 잃은 것처럼 슬피 울었다고 《실록》은 전한다.

짧은 기간에 백성들의 존경과 사랑을 한 몸에 받았던 사람.

그가 바로 《토정비결》로 유명한 토정 이지함이다.

조선의
21세기형 복지가
— 토정 이지함

토정 이지함(李之菡 · 1517~1578) 하면
가장 먼저 《토정비결土亭秘訣》이라는 책이 떠오른다.
《토정비결》은 한 해의 운수를 점치는 책으로,
저자가 토정 이지함이라고 널리 알려져 있다. 이 때문에
이지함은 미래를 점치고 예언하는 기이한 인물이었던 것으로 전해져왔다.
이지함이 죽은 후, 아산현의 모든 백성들이
거리로 나와 대성통곡을 했다고 한다.
그들에게 이지함은 더없이 훌륭하고 존경해 마지않던,
백성들의 지도자였다. 이런 이지함의 모습에서
이제껏 알려졌던 기인의 풍모를 떠올리기는 쉽지 않다.
우리에게는 《토정비결》의 저자 정도로만 알려져 있는 토정 이지함.
그는 과연 어떤 인물이었을까?

솥을 뒤집어쓴 기인

이지함은 오늘날 충청남도 보령시 청라동의 한산 이씨 집안에서 태어났다. 그의 집안은 사대부 명문가였다. 고려 말의 충신 목은 이색(李穡·1328~1396)과 이곡(李穀)을 비롯해 선조 대 영의정을 지낸 이산해(李山海·1539~1609)가 한산 이씨였다. 이곡과 이색은 고려 말과 조선 초에 걸쳐 문장가로 이름을 떨쳤으며, 이색의 아들 종선(種善)은 종1품 좌찬성까지 오른 인물이다. 또 이산해는 지함의 형인 '백의제상' 이지번(李之蕃)의 아들로 후에 북인의 우두머리가 된다. 지함이 죽은 지 100여 년이 지난 1686년에 숙종이 화암서원(花巖書院)이라는 사액서원을 내렸을 만큼, 한산 이씨 가문은 후세에까지 명망을 이어나간다.

이지함의 외가도 명망 높은 양반 가문이다. 지함의 어머니는 광주 김씨로 판관 맹권(孟權)의 딸인데, 김맹권은 일찍이 진사가 되고 문명이 높아 집현전 학사로 발탁된 인물이다.

이런 가풍으로 보면 이지함은 성리학을 목숨처럼 여기는 사대부로

토정 이지함의 생가 터. 충남 보령시 청라동.

살아야만 했다. 행동 하나하나에 명문가 자제의 기품이 흘러야 했다. 그러나 이지함은 기품과는 거리가 먼 기이한 행동으로 사람들을 놀라게 했다. 일부러 관인들의 앞길을 가로막고 바닥에 드러눕기도 했는데, 포졸들이 아무리 끌어내려 해도 이지함은 꼼짝도 하지 않았다고 한다.

　행동도 예사롭지 않았지만 더 기이했던 것은 이지함의 행색이었다. 그는 나막신을 신고, 머리에 솥을 뒤집어쓴 채 돌아다녔다. 이런 행색을 하고 매 맞기를 자청하기도 했다. 기록에 따르면, 이지함이 이처럼 튀는 행동을 한 이유는 당시 관리들의 횡포에 시달리던 백성들의 고통을 몸소 체험하기 위해서였다고 한다. 사람들은 그런 그를 두고 손가락질하며 놀리곤 했지만, 이지함은 조금도 개의치 않았다.

숙종이 한산 이씨 가문에 내린 화암서원.

그는 열흘을 굶고도 견딜 수 있었으며 무더운 여름철에도 물을 마시지 않았다. 나막신을 신고 구부정한 모습으로 성시(城市)에 나오면 사람들이 손가락질하며 웃었으나 그는 아무렇지도 않게 여겼다.

—《선조수정실록》선조 11년 7월 1일

    토정의 기이함은 여기서 그치지 않았다. 심지어 납득하기 어려운 예지력까지 발휘했다고 《실록》은 전한다. 이지함의 나이 서른세 살 되던 해의 어느 날, 그는 불현듯 자신의 형을 찾아가 다급하게 말을 전했다.

아내의 가문에 큰 화가 미칠 것 같습니다. 지금 떠나지 않으면 화가 저에게까지 미칠 것이옵니다.

토정 이지함. 고려말 목은 이색의 6대손이다.

그날 밤, 이지함은 식솔들을 이끌고 서쪽으로 떠났다. 날이 밝으면 분명 위험한 일이 닥칠 것을 직감하고 서두른 것이다. 그리고 다음 날, 그의 예언은 현실로 나타났다. 이른바 이홍남(李洪男·1515~?)의 고변이라 불리는 역모 사건의 괴수로 지목받은 장인 이정랑이 끌려가 무고한 죽임을 당한 것이다. 이 역모 사건은 이홍남과 이홍윤(李洪胤)이라는 형제 사이에서 발생한 것으로, 동생 홍윤이 왕에 대해 불충한 언사를 한 것을 홍남이 엿듣고 이를 조정에 고변해 대규모 옥사를 초래했다.

이지함은 수년 후의 일을 예언하기도 한다.

훗날 이지함의 행적을 모아 후학들이 남긴 책 《토정유고土亭遺稿》에는 이지함이 임진왜란을 예언했다는 기록까지 남아 있다. "15년 후에 피가 천리를 흐를 것이다(在十五年後流血千里)"라는 대목이다. 1576년에 이지함은 제자들을 만난 자리에서 앞으로 15년 후에 전쟁이 일어날 것이니, 전쟁에 대비해 미리 계획을 세우라고 당부했다.

> 15년 안에 옛날 성현들의 글을 많이 읽고 임금에게 덕을 권장하여 난리가 사라지고 앙화가 없어지게 해야 한다. ―《토정유고》

예언은 적중했다. 16년 후에 임진왜란이 발생한 것이다.

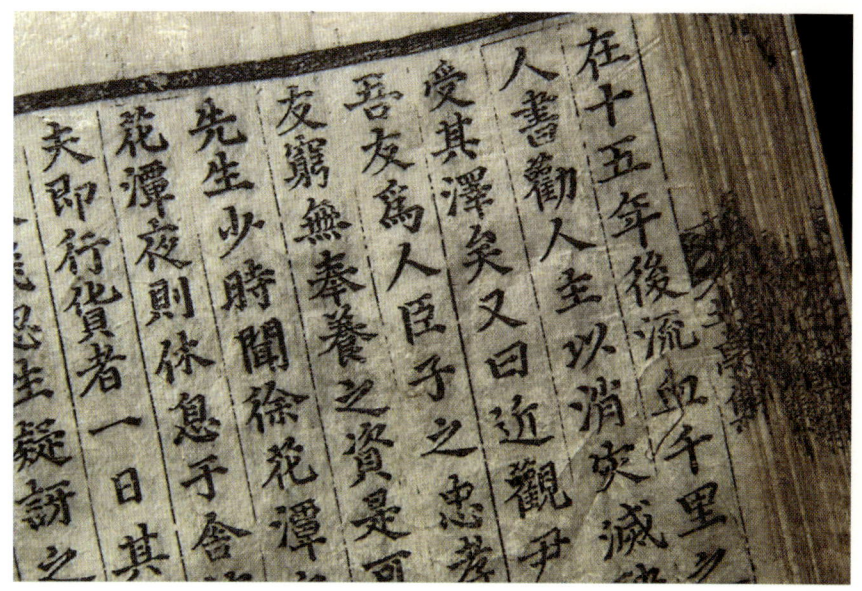

이지함의 행적을 모아 훗날 후학들이 남긴 책 《토정유고》. 15년 후 임진왜란이 일어날 것을 예언했다는 기록이 등장한다.

　　이지함의 기이한 면모들은 《어우야담於于野談》, 《동패락송東稗洛誦》, 《대동기문大東奇聞》, 《해동이적海東異蹟》, 《금계필담錦溪筆談》과 같은 많은 야사집을 통해 더욱 잘 알려져 있다. 《대동기문》에는 이지함이 직접 장사를 했다는 것과 거지 아이에게 자기 옷을 벗어준 일화 등이 나온다. 또 《동패락송》에는 간질병에 걸린 사람을 치료했다는 일화 등 주로 도술을 부려 사람을 구했다거나 위험한 일을 예견했다는 식의 이야기들이 등장한다.

지배층이 경악할 주장을 펼치다

이제껏 기인으로만 알려져온 이지함. 그런데 그에 관해 전혀 뜻밖의
기록을 찾을 수 있었다. 조선 후기의 실학사상을 담은 대표적 저서인
《북학의北學議》. 청나라의 문물 수용과 상공업 개발을 주장했던 실학
자 박제가(朴齊家 · 1750~1805)가 지은 책이다. 바로 그 책에 토정 이지
함의 이름이 등장한다.

土亭嘗欲通外國商船數隻
토정 이지함이 일찍이 외국 상선 수 척과 통상하고자 했다.

말하자면 해외 통상을 통해 가난한 백성을 구제해야 한다고 주장한 것이다. 뿐만 아니라 조선 후기의 백과사전인 《오주연문장전산고五洲衍文長箋散稿》의 저자 이규경(李圭景·1788~?) 또한 이지함의 선구

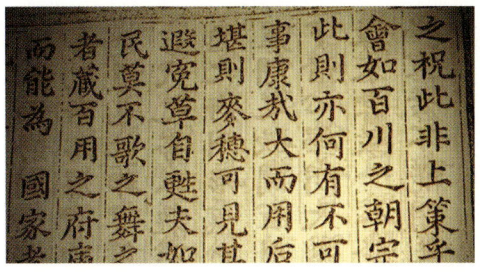

이지함이 포천 현감 재직 당시 왕에게 올린 상소문. 육지와 바다의 자원을 개발해서 백성들의 생활을 돕자는 내용이다.

적인 경제 사상을 발견하고 찬사를 보냈다. 조선 후기 실학자들은 왜 기인 이지함을 주목한 것일까? 도대체 이지함은 어떤 주장을 했던 것일까? 1574년 포천 현감으로 재직할 당시 이지함이 가난한 백성을 구제하기 위해 왕에게 올린 상소문의 내용을 살펴보자.

산과 들에 헛되이 버려져 있는 은(銀)은 무엇이 아까워서 주조를 못하게 하며 옥(玉)은 무엇이 아까워서 채굴하지 못하게 하십니까? 바다 속에 무궁무진한 고기[魚]는 무엇이 아까워서 잡지 못하게 하며 갯벌에 무궁무진한 소금[鹵]은 무엇이 아까워서 굽지 못하게 하십니까?

육지와 바다의 자원을 개발해서 백성들의 생활을 돕자는 것이었다.

육지와 바다는 온갖 재물을 간수해둔 창고입니다. 이것은 눈에 훤히 보이는 실물이니, 이것을 자원으로 이용하지 않고 나라가 다스려진 경우는 없었습니다. 만약 이 자원의 창고를 열 수만 있다면 백성들에게 돌아가는 혜택은 한이 없을 것입니다.

이지함은 구체적인 방안까지 제시했다.

전라도 만경현에 고기잡이할 수 있는 섬이 있고 황해도 풍천부에 소금을 구울 수 있는 섬이 있습니다. 이 섬들은 국가나 개인에게 소속된 적이 없다고 하니 임시로 빌려주시면 고기를 잡고, 소금을 굽겠습니다. 이것들을 팔아 곡식을 마련한다면 2~3년 안에 몇 천 섬의 곡식을 장만할 수 있을 것입니다.

국가가 나서서 자원을 개발하고 그 자원들을 통상에 이용하자는 이지함의 주장은, 농업 이외의 산업을 천시하면서도 그에 따른 이득만큼은 독점했던 지배층이 경악할 만한 내용이었다.

이운규 경기대학교 회계학과 교수는 이지함의 발언 내용이 엄청난 개혁성을 띠고 있다고 설명한다. 덧붙여 "개혁이라기보다 혁명적인 발상인데, 사회구조적으로 시스템화하기에 상당히 어려운 측면이 있는, 통치자 입장에서는 위험한 발상으로 볼 수 있다"는 평가다. 그 정도로 당시 이지함의 주장은 선구적이고 파격적이었다.

조선 사회는 땅과 바다의 자원을 백성들과 공유한다는 큰 원칙을 세워두고 있었다. 즉 누구든 직접 개발하기만 하면 그것은 생산자의 몫이었다.

山林川澤與民共之
땅과 바다의 모든 자원들은 백성과 공유한다.

—《성종실록》

하지만 명분이 그럴 뿐, 자원개발의 실질적인 혜택은 힘 있는 소수 권력층이 독점했다. 가난한 백성들이 생산을 해내면 관리들은 갖가지 핑계를 대가며 그 생산물을 착취했다. 이 때문에 자원개발은 적극적으로 이뤄질 수가 없었다. 가장 대표적인 자원이 소금이었다. 당시 막대한 이윤을 냈던 소금도 이런 방식으로 대부분 지배층의 손에 넘어갔다.

이욱 한국국학진흥원 박사는 "삼면이 바다이기 때문에 소금을 생산하면 엄청난 이익을 얻을 수 있었고, 국가재정이 한계에 봉착했을 때는 소금 전매를 통해서 국가재정을 확보하는 것도 하나의 방법이었는데, 문제는 그 소금 생산과 판매에 대한 이윤을 일부 지배층들이 차지하고 있었다"는 점이라고 당시 폐단을 지적한다.

이지함은 이렇게 주먹구구식으로 관리되고 소수의 권력층에게만 이득이 돌아가는 산림과 해양의 자원들을 국가가 나서서 체계적으로 관리하고 통상에까지 이용해 빈민들을 구하자는 선구적인 방안을 제시한 것이다.

조선시대의 보수적인 정통 성리학자였던 송시열(宋時烈 · 1607~1689) 조차 이지함의 이런 선구적인 면모에 감탄과 존경의 뜻을 전한다.

> 내가 세상에 늦게 태어나서 토정의 문하에서 배우지는 못했으나 선배들에게 그 풍모와 명성을 듣고서는 우러러 공경하며 사모하지 않은 적이 없었다. —《송자대전宋子大全》 148권

시대를 앞선 경제 사상가

솥을 마치 갓처럼 쓰고 다닌 기인. 기록에 따르면 이지함은 전국을 유랑하는 것을 좋아해 어디서든 밥을 해먹기 편하도록 머리에 솥 갓을 쓰고 다녔다고 한다. 그런 기이한 풍모 때문에 지금까지 이지함은 선구적인 경제 사상가의 면모보다는 기인의 행색만 부각돼 알려진 것이다.

18세기 영국의 경제학자 애덤 스미스(Adam Smith · 1723~1790)는 국민을 잘살게 하기 위해서는 먼저 나라의 부를 키워야 한다는, 이른바 '국부론'을 주장했다. 그런데 서양의 애덤 스미스보다 무려 200여 년 앞서 조선의 이지함이 그와 같은 주장을 한 것이다. 이지함은 백성들의 가난을 구제하기 위해서는 자원개발이나 해외 통상과 같은 경제 정책이 중요하다고 강조했다. 명분 중심의 성리학과 봉건질서가 견고했던 당시 조선 사회에서 그는 어떤 계기로 이런 선진적인 주장을 펼치게 되었을까?

토정이 살던 16세기 중반, 백성들의 생활고는 매우 심각한 수준이었다. 그동안의 과전법 제도가 무너지면서 양반들은 마구잡이로 토지를 사들이기 시작했다. 농민들은 토지에서 내몰렸고, 소작농 신세로 전락했다. 왕실도 농민들의 땅을 강탈하는 데 앞장섰다. 어린 명종을 대신해 수렴청정을 했던 문정왕후(文定王后 · 1501~1565)는 막강한 권력을 이용해 왕실 소유의 토지를 늘려나갔다. 땅을 잃은 농민들은 갈 곳이 없었다. 지주들의 땅을 빌려 겨우 농사를 지을 수 있었지만, 제 손에 들어오는 돈으로는 입에 풀칠을 하기도 힘겨웠다. 굶주

조선시대 양반과 농민의 생활을 담은 풍속화.

림과 학정을 견디지 못한 사람들은 도적이 되었고, 도적떼는 전국으로 확산되어갔다. 명종 대, 조선을 혼란에 빠트렸던 의적 임꺽정(?~1562)이 바로 대표적인 인물이다.

가난이 일상이 된 백성들의 삶을 구제하고자 한 이지함. 그는 농사지을 땅에만 의존했던 조선 사회에서 상품을 유통시켜 이윤을 남기는 상업에 눈을 돌렸다. 신병주 교수는 이지함이 "농촌경제에 한정하지 않고 상업, 수공업, 유통경제의 활성화를 통해 전반적인 국가 경제의 부를 창출하고, 그 혜택이 백성들의 생활 현실에 그대로 적용되는 조선 사회를 적극적으로 구상한 인물"이라고 평한다.

이지함이 상업에 관심을 가지면서 찾아간 곳은 바로 화담 서경덕(徐敬德 · 1489~1546)의 문하였다. 서경덕을 중심으로 모인 이들은 현실 문제를 해결하기 위해 정통 성리학에서 벗어나 다양한 학문을 수용했던 개방적 학풍의 지식인 그룹이었다. 이는 서경덕과 그의 제자들이 개성 출신이라는 사실과도 연관이 있다. 비교적 상업 활동이 활발한 개성에서 이들은 일찍부터 상업의 가치에 눈을 떴다. 이지함은 이들과 교류하면서 농업을 중심으로 하는 조선 경제의 취약성을 보완

할 수 있는 장치로 상업의 가치에 주목하게 된 것이다.

이욱 박사는 당시 "개성 사람들은 양반들도 상인을 했고 서경덕의 제자들 중에도 상인들이 많았기 때문에 다른 유학자들에 비해 상업에 유연한 자세를 취했다"고 한다. 조선 왕조가 농업에 근간을 두고 국가 재정을 운영하려 한 반면, "서경덕과 이지함 등은 농업 외에 상업이 갖는 재정적 효과에 주목했고 거기서 얻어지는 이윤을 국가재정으로 활용한다면 좋을 것"이라는 획기적인 주장을 펼쳤다는 것이다.

이지함이 이런 선진적인 경제사상을 단지 이론적으로만 습득한 것은 아니었다. 그는 명문가 출신이었지만 그가 집을 떠나 주로 활동했던 곳은 상인들과 천민들이 살았던 저잣거리였다. 그곳에서 상업에 대한 여러 가지 정보를 수집하고 몸소 장사에 나섰다. 양반이라는 신분에 연연하지 않고 상인들 틈에 껴서 물건을 판 것이다.

이지함은 탁월한 상인이었다. "몸소 장사를 하고 생업을 경영하여 2~3년 만에 몇 만 섬의 곡식을 쌓았다"는 《토정유고》의 기록에서도 확인할 수 있듯이 수완이 좋아서 장사를 할 때마다 매번 많은 이윤을 남겼다.

양반이 저잣거리에서 장사를 한다는 것은 당시로서는 파격적인 일이었다. 조선 사회는 한 번 상인이 되면 그 후손까지 관직을 포기해야 할 만큼 상업을 멸시했다. 신분 구별이 엄격한 조선 사회에서 상인은 가장 천한 신분에 속했다. 이렇게 천한 일은 양반이 전면에 나서지 않고 주로 종이나 노비를 시키는 게 일반적이었다.

사농공상에는 그 본분이 있으니 뒤섞일 수 없다.

귀하고 천한 것은 길이 달라서 서로 섞일 수도 없고 뒤섞여서는 안 되는 것
이 명백하다.

—《성종실록》 성종 13년 4월 15일

그런 분위기 속에서 양반 명문가의 후손이 상업 활동을 한다는 것
은 대단한 모험이었다. 신병주 교수는 "상공업을 천시하는 사회에서
최고 명문가의 후손이 직접 상업 활동을 하면서 재산을 증식한다는
것 자체가 양반 사회에서 손가락질을 받을 정도로 문제가 되었을 것"
이라고 설명한다.

그런데도 이지함은 아랑곳하지 않고 배를 타고 무인도까지 들어가
장사를 했다. 박을 심어 바가지를 만들고, 그것을 내다 팔아서 곡식
몇 천 섬을 거둬들였다고 《토정유고》는 전한다.

이지함이 장사에 나선 이유는 자신의 부를 쌓기 위해서가 아니었
다. 그는 자신이 번 돈을 모두 곡식으로 바꿔 헐벗고 굶주린 백성들
에게 나눠주었다. 그가 상업을 익히고 몸소 장사를 한 이유는 바로
가난한 백성들을 먹여 살리기 위해서였다.

積穀數萬 盡散之貧民 揮袂而去

몇 만 섬의 곡식을 쌓았다가 모두 가난한 백성들에게 나눠준 다음 옷자락
을 털고 떠나곤 했다.

—《토정유고》

역사는 토정의 이런 노력을 잊지 않았다. 이지함이라는 이름은 지

지함재. 충남 보령시 주교면.

명으로 남아 백성들 사이에서 기억되었다. 이지함의 고향인 충남 보령시 주교면에는 아직도 지함재라는 고갯길이 있다. 지함재는 토정이 가난한 백성들을 구제하기 위해 한양까지 다녔던 길로, 그 행적을 기리기 위해 그의 이름을 따서 붙였다.

서울에도 그의 이름이 남아 있다. 19세기 서울 지역을 그린 지도인 경강부임진도(京江附臨津圖)를 보면 당시 한강변의 마을 한곳이 이지함의 호를 따서 '토정(土亭)'이라는 지명을 붙인 것을 발견할 수 있다. 지금으로 말하면 한강을 따라 아파트 단지가 빼곡히 들어선 마포구 일대인데, 이곳에는 아직도 '토정동'이라는 지명이 그대로 남아 있다. 마포대교 입구에서 상수동으로 이어지는 길은 '토정로'라 불린다. 토정동에는 토정 이지함이 살았던 집터를 가리키는 표지석도 설치되어 있다.

서울 마포구 토정동. 토정이 살던 당시에는 지대가 낮고 물이 차서 쓸모없는 땅이었다.

이지함이 지금의 마포 한강변에 지은 흙집은 그냥 흙집이 아니었다. 이승창 국사편찬위원회 사료조사위원에 따르면 "지대가 낮고 물이 괴어 쓸모없는 땅이었는데 토정 선생이 가난한 백성들을 모집해서 흙으로 메우고 거기다 흙집을 지었다"고 한다. 그래서 그의 호가 토정, 즉 '흙 정자'가 되었다고 한다. 이지함은 스스로 척박한 땅에 들어와 보잘것없는 흙집 하나에 의지해 생활한 것이다. 서해를 경유해 한양까지 활동했던 그에게는 가난한 백성을 먹여 살리는 것이 최우선 과제였다.

해상교통에 의존하던 조선시

마포 한강변에 토정 이지함이 살았던 집터.

19세기 서울 지역을 그린 경강부임진도(京江附臨津圖) 일부. 한강변의 마을 한곳에서 이지함의 호를 따서 붙인 '토정(土亭)'이라는 지명을 발견할 수 있다. 규장각 소장.

삼개포구(마포포구), 황해를 거쳐 서울로 들어오던 물화 집산의 포구.

대, 한강변의 나루터는 더없이 중요한 교통의 요지였다. 그중에서도 마포나루는 수상교통의 물량이 가장 많은 물류 중심지였다. 전국에서 서울로 들어오는 쌀과 곡물, 해산물과 목재, 특산물 등이 마포나루로 집결되었고, 그만큼 상업의 활기가 넘쳤다.

신병주 교수는 마포에 있는 토정의 거처가 '해상무역의 교두보'와 같은 성격을 띠었다고 보았다. 이지함이 마포를 거처로 선택한 것은

"해양자원의 개발이나 수산업, 배를 이용한 상업활동에 대한 깊은 이해가 있었고, 그런 이해를 바탕으로 백성들의 삶의 문제를 해결하려 한 의지의 표출"로 평가한다.

이지함은 마포나루를 근거지로 상업에 종사하는 한편, 자신이 쌓은 식견을 백성들과 나누려고 애썼다. 땅을 잃은 백성들에게 새로운 자립기반을 마련해주기 위해 물건을 만들고 장사하는 방법을 가르친 것이다. 체면과 명분을 중시하던 조선 양반사회의 틀을 깨고, 백성들에게 새로운 희망을 전해주고자 그들 곁으로 다가가, 배운 바를 몸소 실천했던 사람이 바로 이지함이었다.

《토정비결》은 토정의 저작인가

王者以民爲天 民以食爲天

왕은 백성을 하늘로 삼고, 백성은 먹을 것을 하늘로 삼는다.

—《토정유고》

이 문장은 이지함이 왕에게 올린 상소문에 쓰인 것이다. 이지함은 백성이 편안히 잘 먹고 잘사는 것을 최우선으로 여겼다. 그리고 스스로 신분을 낮추고 사회의 가장 밑바닥으로 내려가 가난한 백성들의 친구이자 아버지 같은 존재로 살았다. 그러다 보니 백성들은 힘들고 어려운 일이 있을 때마다 이지함을 찾았다. 그에게 스스럼없이

옛 마포나루.

고민을 털어놓고 조언을 구하기도 했다. 그래서 토정 이지함의 집은 항상 건강이나 가족 문제 같은 일신상의 문제를 상담하려는 사람들로 넘쳐났다. 토정은 역술은 물론 천문, 지리 등 다방면에 재주가 뛰어났다.

> 토정은 천문, 지리, 의약, 복서(점), 율려(음악), 산수, 소리에 능했다. 관상, 신방과 비결에 통하지 않은 분야가 없었다. ─《토정유고》

그의 이런 면모 때문에 사람들은 문제가 생길 때마다 찾아와 상담을 했고, 토정의 조언에 큰 힘을 얻어가곤 했다. 권인호 대진대학교 철학과 교수의 설명도 이와 다르지 않다. 토정이 익힌 학문은 "성리학에 더하여 천문, 지리, 음악은 물론이고 나중에는 실학자들과 비슷

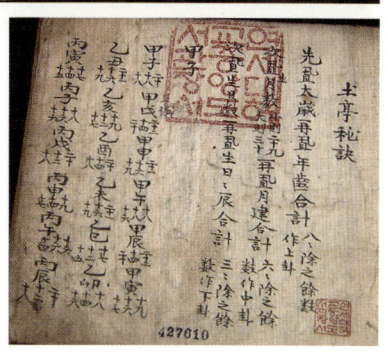

《토정비결》,
연세대학교 도서관 소장.

하게 실용적인 분야가 늘어나다 보니 묘지와 집을 봐주고, 아기 이름
도 지어주고, 사주도 봐주면서 백성들과 아주 친숙했다"는 것이다.

그런 연유로 《토정비결》이 이지함이 곤경에 처한 백성들을 위해 쓴
책이라는 얘기도 전해진다. 《토정비결》의 '토정'은 이지함의 호를 딴
것이다. 그래서 사람들은 《토정비결》을 당연히 토정 이지함이 쓴 책
이라고 생각하는데, 사실 저자가 누구인지는 밝혀지지 않았다. 《토정
비결》은 과연 이지함의 저작이 맞는 것일까?

현재 연세대학교 도서관에는 가장 오래전에 만들어진 《토정비결》
로 추정되는 책이 보관되어 있다. 그러나 아쉽게도 이 책에는 편찬
연대나 지은이에 대한 기록이 전혀 남아 있지 않다. 김영원 연세대학

교 국학자료실장도 "책에는 토정 이지함과 관계가 있다는 증거가 나와 있지 않다"고 설명했다.

《토정비결》을 언급한 다른 기록들을 알아보기 위해 규장각에 소장된 조선시대의 풍속서들을 찾아보았다. 18세기 말 서울 지역의 세시풍속을 기록한 유득공의 《경도잡지京都雜志》. 의복이나 음식뿐만 아니라 신년에 운세를 점쳤던 윷점이나, 오행점에 대한 기록들이 자세하게 나와 있다.

그러나 "《경도잡지》의 기록이나, 비슷한 시기에 홍석모(洪錫謨)가 쓴 《동국세시기東國歲時記》에도 오행점에서 대해서는 매우 상세한 기록이 등장하는 반면, 《토정비결》에 대한 언급은 없다"는 게 신병주 교수의 설명이다.

결국 《토정비결》이 토정의 저작이라는 결정적인 문헌 증거는 현재까지는 나타나지 않고 있다. 그의 저작일 가능성을 가장 강하게 뒷받침하는 것은 제목에 들어 있는 지함의 호, '토정'뿐이다. 그런데도

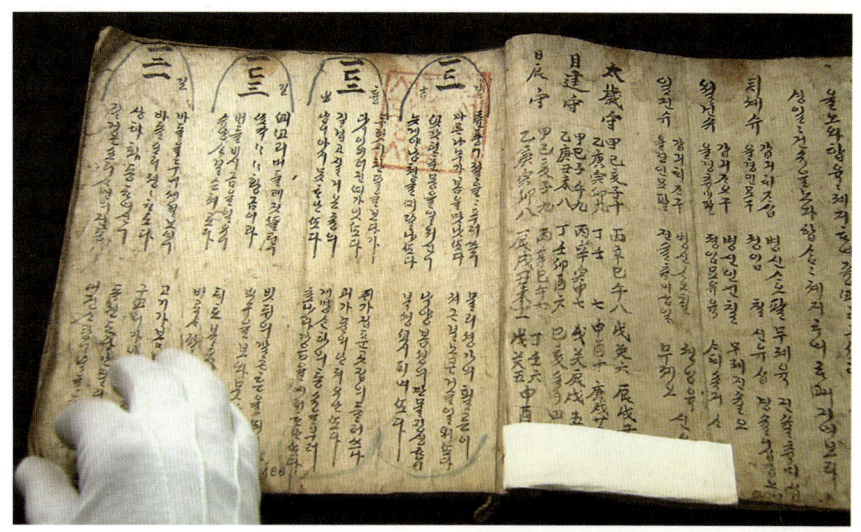

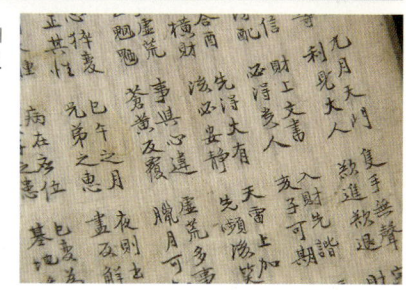

《토정비결》은 70퍼센트 이상이
행운의 괘로 이루어진 것이 특징이다.

왜 사람들은 《토정비결》이 토정의 작품이라고 으레 알고 있는 것일
까? 무엇보다 그가 예언에 능통했다는 앞의 기록이 큰 작용을 했을
것이다.

　《토정비결》의 가장 큰 특징은 70퍼센트 이상이 행운의 괘로 구성되
어 있다는 것이다. 그렇기 때문에 토정비결을 보는 사람들은 대부분
희망과 위로의 메시지를 얻을 수 있다. 또 불운에 관한 괘들도 조심
하면 길함이 있다는 식으로, 불행을 피해갈 수 있는 여지를 남겨두고
있다. 《토정비결》은 어떻게든 희망을 주기 위한 역술서인 것이다.

《토정비결》의 운세가 구체적으로 어떻게 나오는지 확인해보기 위해 역술인을 찾았다. 한 사람의 운세를 사주와 토정비결로 본 후에 결과를 비교해보기로 했다. 먼저 역술인 김찬동 씨가 해석한 주역에 의한 사주는 "금년에 손재수가 있어서 투자하는 것은 위험하다. 현상 유지 정도로 만족하고 복지부동해야 한다"고 나왔다.

그렇다면 똑같은 사람의 운세가 《토정비결》에서는 어떻게 나올까?

"길함이 있고 흉함은 없는 형상이다. 상당히 좋다. 재수대통이라 하여 재물 관계에서 크게 형통하다, 좋아진다. 큰돈을 만진다고 나와 있다. 무엇에 투자하든 다 잘된다는 뜻이다."

사주보다 훨씬 희망적이다.

고대 중국의 철학서인 《주역周易》은 생년, 월, 일, 생시의 사주팔자까지 총 64괘를 이용해 운세를 보는 반면, 《토정비결》은 생시가 빠진 생년, 월, 일 삼주육자의 48괘로만 본다. 《토정비결》 또한 《주역》의 괘를 기본으로 하지만, 《주역》보다 훨씬 단순하기 때문에 누구나 손쉽게 볼 수 있는 역술서라 할 수 있다.

사람들이 《토정비결》을 토정 이지함의 저작이라고 믿는 이유도 바로 그 때문이다. 전문적으로 공부하지 않고도 쉽게 자신의 운세를 보며 희망을 가질 수 있는 이 책의 특성이 삶에 지친 백성들에게 희망과 위로를 주고자 끊임없이 노력했던 이지함의 면모와 그대로 닮아 있는 것이다.

《토정비결》이 단순한 역술서 이상의 의미를 갖는 것은 민중에 대한 애정을 바탕으로 한 저자의 철학과 사상이 그 안에 녹아 있기 때문일 것이다. 이것이 곧 토정 이지함의 삶의 태도와 그대로 연결되는 부분이 아닐까.

이지함의 이런 애민사상은 어디에서 출발한 것일까? 명문 사대부 집안의 자손으로 태어나, 관직에 나가 부와 명예를 누리며 편하게 살 수도 있었을 텐데, 스스로 양반의 길을 포기한 이지함. 그는 왜 이런 결단을 내린 것일까?

거짓 미치광이가 되어야 했던 토정

이지함이 살았던 16세기 중후반 조선 사회는 권력 다툼이 끊이지 않던 정치적 혼란기였다. 집권층인 훈구척신과 신진세력인 사림들 간에 갈등이 계속됐고, 명종 대까지 무려 네 차례의 대규모 사화, 즉 1498년의 무오사화, 1504년의 갑자사화, 1519년의 기묘사화, 1545년의 을사사화로 수많은 선비들이 숙청당했다. 이지함의 아버지 이치(李穉)도 1504년 갑자사화가 일어나자 이미 사망한 증조부 이파(李坡)가 성종 때 폐비 사건에 연루되었다는 이유로 진도에 유배되었다가 1506년 중종반정으로 귀양에서 풀려났다. 특히 1545년 을사사화로 권력을 잡은 문정왕후와 소윤(小尹) 척신들의 학정은 극에 달했다.

인종이 즉위한 지 8개월 만에 죽고 명종이 12세의 나이로 왕위에 오르자, 인종의 계모이며 명종의 어머니인 문정왕후가 대왕대비로서 수렴청정을 하게 됐다. 이로써 정국은 윤여필의 딸 장경왕후와 둘째 계비인 윤지임의 딸 문정왕후의 외척 간 권력투쟁으로 치달았다. 결

국 문정왕후의 형제인 윤원로와 윤원형 일파는 인종의 외숙이자 대
윤(大尹)의 거두 윤임(尹任) 일파를 몰아내고 권력을 잡았고, 그 과정
에서 수많은 선비들이 숙청당한 사건이 바로 을사사화였다.

이런 정치적 소용돌이 속에서 이지함에게 충격적인 사건이 발생한
다. 이지함의 절친한 친구였던 사관(史官) 안명세(安名世·1518~1548)의

죽음이었다. 안명세는 을사사화의 부당성을 지적하고 그 주범들이었던 권력자들의 행태를 비난하는 사료를 작성했다. 하지만 그가 만든 사료는 을사사화를 일으킨 장본인들의 손에 넘어가고, 안명세는 붙잡혀 들어갔다. 끌려간 안명세는 끝까지 을사사화의 부당성을 이야기하며 자신의 뜻을 굽히지 않았다. 결국 그는 극심한 고문 끝에 숨졌다.

사관으로서 양심을 지키며 무고하게 죽은 친구의 죽음은 토정에게 지울 수 없는 상처를 남겼다. 그러나 그것으로 끝이 아니었다. 1547년에 일어난 양재역 벽서사건, 즉 전라도 양재역 벽에 문정왕후를 비방하는 글이 나붙은 사건을 계기로 또 한 차례 사림들이 대거 숙청당했다. 정국이 들끓는 가운데, 2년 후엔 이지함의 장인 이정랑이 이홍남 형제의 고변 사건에 연루돼 죽임을 당했다.

절친한 친구와 장인의 무고한 죽음을 목격한 이지함은 더 이상 과거시험에 뜻을 두지 않는다. 이지함에게 벼슬길은 부당한 권력을 얻기 위한 수단일 뿐이었다. 권인호 박사에 따르면 "기묘사화 이후로 제대로 된 정치를 하고 백성을 위해 유학을 실천하는 사람들에게는 거의 기회가 가지 않았다"고 한다. 안명세 사건이나 4대 사화로 인해 선비들이 할 일이 없는 시대가 된 것이다.

이후 이지함은 기나긴 유랑을 시작한다. 유랑 시절에도 토정은 때때로 거짓 미치광이 행세를 하고 돌아다녀야 할 만큼, 당시는 어지러운 시대였다.

> 이지함은 안명세의 처형을 보고 바닷가를 돌아다니면서 거짓 미치광이로
> 세상을 피하였다. —《선조수정실록》 선조 19년 10월 1일

그러나 유랑생활은 또 하나의 기회였다. 이지함은 유랑 기간에 백성의 현실을 목격하며 세상을 변화시키고자 하는 뜻을 품게 된다. 그는 재야의 지식인들을 끊임없이 만나며 현실 문제를 의논하고 개혁 방안을 모색했다. 토정과 두터운 교분을 나눴던 이들 가운데 대표적인 인물이 남명 조식(曺植·1501~1572)이다. 그는 재야에 머무르면서 현실정치의 모순에 적극적으로 비판을 가하던 강직한 학자였다. 이지함과 조식은 함께 현실정치가 해결할 수 없는 민생 문제를 깊이 고민하며 해결방법을 연구했다.

조식은 명종 말년에 왕의 부름을 받고 조정에 들어가 자신의 생각을 거침없이 피력하게 되는데, 그 자리에서 왕이 나라를 다스리는 도리로서 정치제도를 혁신하고, 인재를 등용하며, 임금 자신이 학문에 힘쓰는 것 등을 강조했다.

신병주 교수는 "이지함이 화담 서경덕, 남명 조식 등의 인물들과 활발히 교류했다는 것은 조선 중기에 이지함과 같은 생각을 했던 학자들, 즉 성리학적 사고에서 탈피해 성리학의 문제점을 보완할 수 있는 사상을 실천하려고 했던 지식인 그룹이 상당수 존재했다는 사실"을 뚜렷하게 보여준다고 설명한다.

이지함은 후학 양성에도 열심이었다. 특히 재능 있는 노비나 천민 출신의 제자를 가르치는 데 힘을 쏟았다. 《토정유고》를 보면 "서기(徐起)는 출신이 미천한 사람이었는데 이지함이 재물을 아끼지 않고 도와주어서 성취하도록 하였다(如徐起下賤之人 貧不力學 不愛其財 資以成就)"는 대목이 나온다. 뿐만 아니라 노비 출신의 김순종(金順從)이라는 아이를 데려다 가르쳤고, 그 노비 본역(本役)까지 없애주었다. 이지함의 도움으로 김순종은 훗날 과거에 합격해 사대부까지 오른다.

　이지함은 재야에 있었지만 현실 정치인들과도 깊은 관계를 맺으며 선비로서 본분과 책임을 다할 것을 강조했다. 한번은 율곡(栗谷·1536~1584)이 병을 핑계 삼아 복잡한 정국을 피하려 하자 이를 호되게 꾸짖기도 했다.

> 공자는 신병을 핑계로 유비를 만나주지 않았고, 맹자 역시 병이 났다는 핑계로 왕의 부름에 아니 나갔잖은가? 그런 탓에 후세의 선비들까지도 아무 병이 없으면서 툭하면 병이 들었다고 엉뚱한 핑계를 대는 자들이 많아진 것일세. ―《토정유고》

　이지함은 세상의 변화를 꿈꿨던 당대 지식인들과의 교류를 통해 다양한 학문과 사상을 익혔고, 현실 문제에 대한 새로운 시각과 가치관을 가질 수 있었다. 그가 서민들과 더불어 장사를 하고 빈민들을 도우며 살 수 있었던 것도 그런 학식과 견문이 바탕이 되었기 때문이다. 그리고 그의 나이 쉰일곱이 되던 1573년, 마침내 그동안 꿈꿔왔던 현실 개혁의 발판을 마련할 기회가 찾아온다.

오로지 백성을 위해 정치를 하다

문정왕후의 수렴청정이 끝나고 윤원형 일파가 제거된 명종 대 후반 이후 조선은 새로운 정치 국면을 맞았다. 선조 1년인 1567년, 어지러운 정국을 쇄신하기 위해 조정에서는 '유일등용책(遺逸登用策)'이라 하여 재야에 묻혀 있던 인재들을 뽑아 관리로 등용하고자 했다.

> 유일지사(遺逸之士; 재야에서 벼슬을 하지 않는 인재)를 추천하여 등용하는 것은 새로 정사를 하는 데에 있어서 제일 먼저 해야 할 일이다.
>
> —《선조실록》선조 1년 10월 15일

선조 6년(1573), 이지함도 율곡의 추천을 받아 관리로 발탁됐다. 종6품의 포천 현감 자리였다. 나이 쉰이 넘어 처음으로 얻은 벼슬이었다. 재야에서 학식을 쌓고, 백성들의 삶을 몸소 체험하며 이지함이 꿈꿨던 새로운 세상. 그 오랜 뜻이 그렇게 실현되고 있었다.

> 내가 백 리 되는 고을을 얻어서 정치를 하면 가난한 백성을 부자로 만들고 야박한 풍속을 돈독하게 하고 어지러운 정치를 다스려 나라의 보장(保障)으로 만들 수 있을 것이다. —《선조수정실록》선조 11년 7월 1일

현감이 된 후에도 토정의 철학은 흔들리지 않았다. 부임 첫날, 이지함은 삼베옷에 짚신 차림으로 나타나 주위 사람들을 놀라게 했다. 그리고 그날 밥상을 받은 자리에서 가차 없이 아전들을 꾸짖었다.

"밥상을 보니 먹을 것이 없다."

꾸지람에 놀란 아전들은 더욱 진수성찬을 차려 상을 올렸다. 그러자 이지함은 더욱 목소리를 높여 "역시 먹을 것이 없구나"라고 호통

쳤다. 백성은 먹을 것이 없어 고통 받는데 벼슬에 있는 사람들은 매일같이 진수성찬을 먹는 현실을 탓하고 있었다. 그리고 앞으로 자신의 밥상엔 오곡밥과 나물국 한 그릇만 올리라고 일렀다.

그가 고을 현감으로서 가장 먼저 한 일은 관리들의 부정부패를 문책하는 것이었다. 관리를 벌하는 방식도 남달랐다. 아무리 나이가 많은 관리라도 잘못이 드러나면 아이처럼 머리를 길게 땋게 했다. 덕이 부족해서 아이만 같지 못하니 스스로 느끼고 뉘우치라는 뜻이었다.

이지함이 목격한 포천 백성들의 삶은 참담함 그 자체였다. 포천은 토지가 척박해 기본적으로 농토가 부족했다. 땅이 없는 백성들은 먹고 살 길이 없어 거리로 나앉기 일쑤였고, 굶어죽는 이들도 허다했다. 당시 포천현의 실상에 대해 토정이 "말하자면 어미 없는 고아 비렁뱅이가 오장이 병들어서 온몸이 초췌하고 고혈이 다했으며 피부가 마른 것 같으니, 죽는 것은 아침 아니면 저녁입니다"라고 조정에 보고했을 정도다. 이지함은 죽어가는 백성들을 그대로 두고 볼 수가 없었다. 고민 끝에 그는 포천현의 가난을 구제할 방도를 써서 왕에게 상소를 올린다.

먼저 은, 옥, 물고기, 소금 등 산과 바다의 자원을 개발해 빈민 구제에 이용하자고 주청했다. 그리고 재물을 추구하지 않는 것이 조선 사회의 미덕이지만, 재물과 이익도 좋은 마음으로 쓰면 덕이 될 수 있다는 주장을 펼쳤다.

況義與利 由人以判 若使凶人居之 所謂禮法者 皆爲利欲矣 若使吉人居之
所謂財利者 皆爲德義矣

의(義)와 이(利)는 쓰는 사람에 따라 달라서 나쁜 사람이 악용을 하면 예법
이라는 것도 모두 욕심을 채우는 것이 되지만 선한 사람이 사용한다면 재
물과 이익도 모두 덕이 될 것입니다.

—《토정유고》 이포천시상소(莅抱川時上疏)

신병주 교수는 "의와 이익을 대립적으로 해석하지 않고 국가의 이
익을 위해서라면 진보적인 정책을 펼 수 있다는 평소 생각들을 현감
직을 맡으면서 실천하려 했다는 점에서 이지함은 아주 뛰어난 관료
학자였다"고 평가한다.

그러나 그의 상소는 받아들여지지 않았다. 더 이상 뜻을 펼칠 수
없게 되자, 이지함은 부임 1년 만에 현감 자리를 박차고 나갔다.

포천 현감 이지함이 벼슬을 버리고 고향으로 돌아갔다. 지함은 원으로 있
으면서 스스로의 처신을 검소하게 하고 백성 보기를 자식처럼 하였다. 고
을이 빈약하여 곡식이 모자라자 조정에 건의하여 바닷가 마을의 어장을 넘
겨받아 곡식을 사서 빈약한 재정을 보충하게 해줄 것을 청하였으나, 조정
이 따라주지 않았다. 지함은 본디 고을 원으로 오랫동안 머무를 생각이 없
었기 때문에, 곧 병을 핑계하여 사직하고 돌아갔다.

—《선조수정실록》 1574년 8월 1일

그로부터 3년 후, 이지함은 다시 충청도 아산 현감으로 부임한다.

아산에 부임한 후 그가 처음으로 한 일도 매우 파격적이다. 당시
아산 백성들은 물고기를 잡아 왕에게 공물로 바치고 있었는데, 이지

토정이 현감으로 재직했던 아산현 관아의 정문인 여민루. 충남 아산시 영인면.

함이 직접 고기를 기르던 못을 메워버렸다.

有養魚池 其池永絶

물고기를 기르는 연못이 있었는데 그 못을 메워 없애버렸다.

—《토정유고》

백성들이 괴로워한다는 이유 하나 때문에 임금이 먹을 음식을 지방 관리가 마음대로 처분해버린 것이다. 토정의 이런 행동은 백성을 위해 자기는 죽어도 좋다는 각오로 한 것이었다. 그만큼 당시 관료사회에서는 생각할 수도 없는 사건이었다.

그 후에도 아산 현감 이지함은 백성을 위한 혁신적인 정책들을 차례로 실현했다. 먼저 걸인청(乞人廳)을 세우고 그곳에 걸인들을 모아

이지함이 현감으로 부임했던 충남 아산시 영인면.

먹고 잘 수 있게 했다. 걸인청은 단순한 보호시설이 아니었다. 걸인
들 스스로 생계를 꾸려나갈 수 있도록 생업 기술을 가르쳤고, 각자의
능력에 맞춰 일감을 나눠주었다. 또 직접 걸인들을 데리고 시장에 나
가 장사를 가르치기도 했다. 이지함이 조선 중기 봉건사회에 최초의
근대적 재활기관을 탄생시킨 셈이다. 신병주 교수는 "굶주린 백성들
에게 동기를 부여하고 일자리를 창출했다는 것은 지금의 관점에서도
아주 혁신적이고 진보적인 생각이었다"고 평가한다.

조선의 21세기형 복지가

그러나 개혁 양반 이지함은 부임 3개월 만에 돌연 세상을 뜨고 만다. 그의 나이 62세에 역질에 걸려 죽은 것이다. 《실록》은 그의 안타까운 죽음을 다음과 같이 전한다.

> 그의 정치는 백성 사랑을 위주로 하고 해를 없애고 폐단을 제거했다. 한창 기반을 갖추어나갔는데 갑자기 병으로 죽었다. ─《선조수정실록》 선조 11년 7월 1일

승정원은 이지함에 대해 "말하는 풍모가 사람들의 이목을 끌고, 백성들을 보살피는 데 최선을 다했으며, 시무(時務)에도 능했던 호걸"이라고 표현했다.

가난한 백성들을 단순히 먹이고 재운 것이 아니라 그들 스스로 자립해서 살아갈 수 있는 방법과 길을 가르친 21세기형 복지가. 이것이 바로 토정 이지함의 참모습이었다. 200년 후 조선 후기 실학자들에게도 높이 평가받았을 만큼 혁신적이고 선구적인 경제사상을 펼쳤던 이지함. 그는 조선 사회의 개혁을 꿈꾼 기인이었다.

한국사
傳
2

3

1592년 임진왜란.

물밀듯이 밀려드는 왜군에 조선의 관군이 대패하자

나라를 구하기 위한 의병 모집 격문이 나붙었다.

격문에 등장한 인물은

고려 대몽항쟁의 영웅, 김윤후(金允侯)였다.

그가 300년이라는 시간을 넘어

조선 의병 운동의 상징으로 부활한 것이다.

고려 백성과 함께 세계 최강 몽골군을 두 차례나 격파했던 김윤후.

그는 고려의 대몽항쟁(1231~1259)을 가능하게 했던 결정적 인물이었다.

몽골을
두 번 격파한 고려 승려
— 김윤후

세종대왕의 한글 창제, 이순신 장군의 임진왜란 승전,
위대한 업적을 남긴 사람들은 그 업적이 고유명사가 되어
일반인들에게 기억된다. 고려 대몽항쟁의 영웅, 김윤후!
임진왜란 당시 조선의 백성들에게 김윤후는 바로 그런 인물이었다.
일반 백성을 상대로 한 의병 모집 격문에 김윤후가 등장한다는 것은
그의 이름이 조선 백성들의 가슴에 뿌리 깊이 각인되어 있었다는 의미다.
임진왜란 때 의병운동의 선구자 조헌(趙憲·1544~1592) 선생이 묘사한 것처럼
당시 조선의 백성들은
김윤후를 "화살 하나로 돼지를 맞혀 몽골을 물리친" 인물로 기억했다.

金允侯一箭豕殪退蒙兵於黃城

김윤후는 화살 하나로 돼지를 맞혀 죽여 황성에서 몽병을 물리쳤으니

—조헌,《중봉집重峯集》

여기서 돼지는 바로 고려를 침입한
몽골군 총사령관 '살리타(撒禮塔·?~1232)'를 가리킨다.
김윤후는 적장 살리타를 사살하고 대몽항전 사상 최고의 승전을 거두었다.
전투는 몽골의 제2차 침입이 있었던 1232년으로 거슬러 올라간다.

세계 최강 몽골군을 상대한 고려의 승려

고려 고종 19년(1232), 고려에 불안한 전운이 감돌기 시작했다. 고려 조정이 수도를 강화도로 옮기고 몽골에 대한 항전 의지를 밝힌 것이다. 이와 더불어 고려 조정은 고려에 파견된 몽골의 민정 담당관인 다루가치[達魯花赤] 72명을 모두 살해했다.

> 고려가 조정에서 설치한 다루가치 72인 모두를 죽였다. —《원사元史》 고려전

다루가치는 몽골이 고려 점령 지역에 둔 벼슬로, 고려 백성을 직접 다스리거나 내정에 간섭했다. 그들을 죽였다는 것은 몽골에 대한 명백한 선전포고였다. 몽골은 즉시 고려에 사신을 보내 수도를 다시 개경으로 옮길 것, 그리고 임금인 고종과 무신정권 집권자 최우(崔瑀 · ?~1249)의 몽골 입조를 요구했다. 그러나 최우의 항전 의지는 확고했다. 40여 년의 기나긴 대몽항전, 그 서막이 오른 것이다.

그보다 1년 전인 1231년에 고려는 몽골의 1차 침략을 받았다. 살리

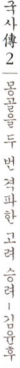

타에 대한 첫 기록도 1차 침입 부분에서 등장한다. "고종 18년 8월 임오일에 몽고 원수 살리타가 함신진을 포위하고 철주를 도륙하였다"는 《고려사》의 내용이 그것이다. 살리타가 지나는 곳마다 잔멸하지 않은 곳이 없었다. 고려 정부도 철주를 함락하고 내려오던 몽골군에 정규군으로 맞섰다. 황주 동선역 등에서 어렵게 몽골군을 격퇴한 후 안북부에 입성하여 일대 접전을 펼쳤으나 고려군의 반 이상이 살상되는 참패를 당하고 만다.

> 화살이 비오듯 쏘아지니 우군이 어지러워지는지라 중군이 이를 구원하다가 또한 어지러워지니 다투어 성으로 돌아왔다. 몽군이 승승장구하여 살상이 반이 넘었으며……. —《고려사》 고종 18년 10월 21일

고려는 안북성 패배 이후 즉각 5군 병마를 추가로 징발했지만 아무 소용이 없었다. 결국 고려 정부는 서둘러 살리타에게 사람을 보내 몽골과의 화의를 모색했다. 화의 체결은 실질적인 항복을 의미했다. 그러나 최씨 무신정권은 이듬해 수도를 강화도로 옮기고 본격적인 항전을 준비했다. 고려의 항전 의지가 가시화되자 몽골의 침략도 다시 시작되었다. 1232년, 몽골의 2차 침입이다. 약속을 어긴 고려 정부에 대한 보복으로 몽골군은 더욱 잔인하게 고려를 유린했다. 당대의 문장가였던 이규보(李奎報·1168~1241)는 몽골군의 잔인함이 짐승보다 못하다고 기록할 정도였다.

> 심하도다. 달단(몽골)이 환란을 일으킴이여! 그 잔인하고 흉포한 성품은 말

로 다할 수 없고 어리석고 어두움이 짐승보다 더 심하나이다.

—《동국이상국집東國李相國集》25권

그러나 거침없이 남하하던 몽골군은 이세화가 지키고 있던 남한산성에서 뜻밖의 저항에 고전하게 된다. 몽골군은 두 달여에 걸쳐 수십 겹으로 성을 포위하고 온갖 수를 써봤지만, 광주 부사 이세화와 광주 민들의 합심으로 끝내 남한산성의 문은 열리지 않았다. 하는 수 없이 몽골군은 남한산성을 포기하고 남부 지역 공략을 위해 지금의 용인시 남사면에 있던 처인성(處仁城)으로 향했다. 용인은 살리타가 한반도 남부로 뻗어나가기 위해 반드시 차지해야 하는 중요한 지역이었다. 바로 그곳 처인성에서 몽골군 총사령관의 목숨을 노리는 한 사람이 기다리고 있었다. 몽골군이 다가온다는 소문이 퍼지자 처인 부곡민들과 인근 고을의 백성들 1000여 명이 서둘러 처인성으로 대피했다. 근처 백현원(白峴院)의 승려 김윤후도 그들 가운데 한 명이었다.

곧이어 몽골군 총사령관 살리타가 이끄는 몽골의 주력부대가 처인성에 도착했다. 살리타는 권황제(權皇帝) 자격으로 고려 정부를 관할하고 있었다.

주채혁 세종대학교 사학과 교수에 따르면 권황제는 "일종의 준황제 또는 황제 대행으로 막강한 권한을 가졌는데 정동(征東), 즉 동쪽을 정복해가는 전쟁

몽골의 제2차 침입 경로.

김윤후의 영정.

에서 절대권을 행사할 수 있는 직위"였다.

고려시대 부곡은 천민과 유사한 백성들의 거주지였다. 그리고 처인성에는 고려의 정규군이 없었다. 백성들은 김윤후를 중심으로 몽골군에 대한 항전을 준비했다. 일반 백성들을 이끌고 세계 최강 몽골군을 상대하고자 했던 김윤후가 선택한 방법은 매복이었다.

작은 도성에 고작 1000여 명의 백성이 모여 있던 처인성은 원래 몽골군의 중요한 전투 예상지가 아니었다. 살리타는 먼저 처인성의 동태를 파악하기 위해 소수의 정찰병만 이끌고 처인성 동문으로 향했다. 김윤후는 바로 그런 살리타의 방심을 이용해 기습공격을 했다. 김윤후의 활이 노린 건 단 한 사람, 적장 살리타였다. 마침내 김윤후가 쏜 화살에 살리타가 목숨을 잃었다. 총사령관을 잃은 몽골군은 오합지졸이었다. 김윤후와 부곡민들이 상당수의 몽골군을 생포했고, 남은 몽골군은 서둘러 철수했다.

> 처인 부곡의 작은 성에서 서로 맞서 싸우던 화살이 괴수 살리타에 적중하여 그를 죽였으며 사로잡은 자도 많았으므로 적의 남은 무리는 흩어지고 말았습니다. —《동국이상국집》

몽골의 권황제를 사살한 이 전투는 원나라 역사에도 기록된 일대 사건이었다.

復遺撒禮塔領兵討之 至王京南 攻其處人城 中流矢卒

살리타가 고려를 정복하는 과정에서 고려 수도 남쪽의 처인성을 공격하던 중 유시(빗나간 화살)에 맞아 죽었다.

―《원사외이전元史外夷傳》

《고려사》는 살리타를 사살한 사람으로 한 승려를 지목했다.

撒禮塔攻處人城 有一僧劈避兵在城中 射殺之

살리타가 처인성을 공격할 때 한 승려가 성 안에 피해 있다가 그를 활로 쏴 죽였다.

승려 신분의 김윤후가 일반 백성을 이끌고 세계 최강 몽골군을 격퇴한 것이다. 처인성 전투의 승리로 몽골군은 일제히 고려에서 철수했으며 최씨 무신정권은 대몽항쟁에 자신감을 갖게 되었다.

윤용혁 공주대학교 역사교육과 교수는 "고려 정부가 정책적으로 항전을 결정한 후 김윤후의 승전을 계기로 비로소 자신감을 가지고 항전을 추진할 수 있는 원동력을 얻었다"고 처인성 전투 승리의 의미를 설명했다.

고려 정부는 김윤후의 공로를 인정해 그를 고려군의 사령관에 해당하는 정3품 상장군(上將軍)에 임명했다. 그러나 김윤후는 "나는 싸울 때 활과 화살도 없었는데 어떻게 그런 큰 상을 받을 수 있겠습니까(戰時吾無弓箭豈敢虛受重賞)"라며 간곡히 사양했다고 《고려사》는 전한다. 《고려사》의 '김윤후전'에는 김윤후와 고려 조정의 엇갈린 주장이

상공에서 본 처인성 터. 조그맣게 기념비가 서 있는 것이 보인다.

모두 기록되어 있다.

| 戰時吾無弓箭 | 싸울 때 활과 화살이 없었다. |
| 允侯射殺之 | 김윤후가 활로 쏴 죽였다. |

　고려 조정은 큰 상을 사양하는 김윤후를 상장군보다 훨씬 낮은 계급의 섭낭장(攝郞將)에 임명했다. 그 후 김윤후는 승복을 벗고 본격적인 무관의 길로 들어선다.

　사실 처인성 전투는 그 중요성에 비해 현재 남아 있는 기록이 너무 부족해서 당시의 상황을 정확하게 파악하기가 쉽지 않다. 일부에서는 김윤후가 살리타 부대와 전면전을 치렀을 것이며, 그 과정에서 날아오는 화살에 살리타가 맞아 죽었을 것으로 추측하기도 한다. 그러

나 처인성 전투를 이끈 지휘관이 장
군이 아닌 승려 김윤후라는 점, 몽
골군과 싸운 사람들이 정규군이 아
닌 일반 백성이었다는 점에는 이견
이 없다.

처인성 전투 복원화.

　그런데 몽골군 총사령관 살리타
의 군대와 맞서 싸운 사람들은 왜
정규군이 아닌 일반 백성이었을까? 그들은 왜 직접 칼과 활을 들고
전장에 나선 것일까?

처인성 백성들의 처절한 사투

경기도 용인시 남사면에 위치한 처인성 터. 성터 앞에 세워진 승첩기
념비가 아니라면 대몽항쟁 당시 치열한 전투의 흔적을 찾아보기 힘든
작고 야트막한 동산이다. 하지만 성터 안으로 들어가면 느낌이 달라
진다. 처인성은 흙으로 쌓아 올린
토성인데, 1998년 발굴 결과 토성
주변으로 기둥을 세웠던 구덩이가
발견되었다. 이로써 성곽을 따라
목책을 높이 쌓은 꽤 견고한 모습
의 토성이었음이 확인되었다.

처인성 승첩 기념비.

처인성 발굴 당시 사진. 기둥을 세웠던 구덩이가 보인다.

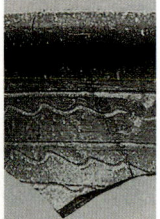

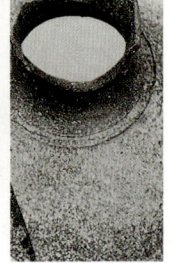

처인성터 발굴 당시 나온 토기 파편들.

처인성에는 고려 때부터 조선 초기까지 식량을 보급하는 군창 기지가 있었다고 한다. 둘레가 채 500미터도 안 되는 이 작은 성이 전략적으로 중요했던 이유다. 발굴 당시 입구로 추정되는 건물터의 혼적과 함께 토기와 기와 등 다양한 유물들이 쏟아져 나왔다. 그중에는 철제 무기류도 있었는데 무엇보다 놀라운 것은 고려의 칼이었다. 지금까지 고려시대 칼이 출토된 것은 단 두 곳뿐이다. 고려시대 칼의 중요한 특징은 칼코다. 칼코는 칼을 쥔 무사의 손을 보

호하는 장치로 삼국시대 칼(환
두대도)과 고려의 칼(심부대도)을
구분하는 중요한 기준이다.

차용걸 충북대학교 역사교육
과 교수는 "한쪽 성벽의 길이가
100미터도 채 되지 않는 곳에서

처인성터에서 발굴된 고려시대의 심부대도(아래)와
삼국시대의 환두대도(위). 심부대도에는 무사의 손을
보호하는 칼코가 있다.

어떻게 전투를 치렀는지 의아할 정도로 규모가 작았기 때문에 과연
유물이 나올지 미심쩍었는데, 막상 조사한 결과 많은 유물이 쌓여 있
어서 역사의 현장임을 실감했다"고 전한다.

무덤이 아닌 성터에서 칼이 발견되는 경우는 매우 드물다. 그것은
처인성에서 칼을 수습할 수 없을 정도로 매우 급박한 사건이 벌어졌
다는 걸 의미한다. 그 사건은 과연 무엇이었을까?

13세기 몽골군은 뛰어난 기마병을 중심으로 전 세계를 정복해갔
다. 그러나 그들에게도 약점이 있었으니, 바로 수전과 공성전(攻城戰)
에 약하다는 것이었다. 1232년에 고려의 집권자 최우가 강화도로 수
도를 옮긴 것도 그런 이유에서였다.

강화도는 몽골군을 방어할 수 있는 천혜의 요새였다. 해안선이 복
잡한데다, 서쪽과 남쪽은 온통 허벅지까지 빠지는 갯벌로 이루어져
있어서 외부세력이 침입하기 쉽지 않다. 강화에 도착한 고려 조정은
우선 개경에 있는 궁을 본떠 2분의 1 크기로 왕궁을 지었다. 지금의
인천시 강화군에 위치한 고려궁지(사적 제133호)에 그 흔적이 남아 있
다. 궁궐이 만들어지는 동안 궁궐을 보호하는 내성을 쌓았다. 내성은
강화읍과 선원면 일대를 둘러싼 광대한 토성이었는데 개경 환도와

강화의 궁궐을 보호하는 내성. 원래 토성이었지만 지금은 조선 숙종 대에 개축한 석성만 남아 있다.

함께 몽골의 요구로 허물어버려 현재는 조선 숙종 대에 개축한 석성이 남아 있다.

처인성 승첩 이듬해인 고종 20년, 고려 정부는 육지와 맞닿아 있는 동쪽 해안가를 따라 외성을 쌓고 몽골의 침입에 대비했다. 지금은 흔적만 남아 있지만 축성 당시 외성의 길이가 수십 킬로미터에 달할 정도로 규모가 엄청났다고 한다.

강화 외성의 흔적.

궁궐을 둘러싼 내성 주위로 다시 중성을 쌓고 육지와 면한 해안가를 따라 외성을 세워 견고한 3중 방어체계를 갖춘 군사요새. 800년 전 전시 수도 강화의 모습이었다. 그리고 고려의 최정예 삼별초 부대가 강화도를 수비했다. 그 결과 몽골은 고려와의 30년 전쟁 동안 한 번도 강화의 외성을 뚫지 못했다. 그 정도로 최씨 무신정권의 대몽항쟁은 철저히 강화도 방어에 집중되어 있었다.

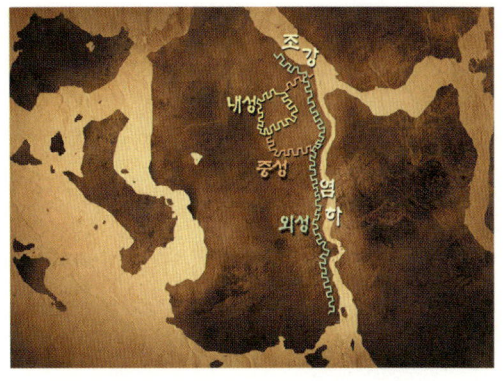

내성, 외성, 중성으로 견고한 방어체계를 갖추었던 강화의 모습.

윤용혁 교수는 "1차 침입 때는 국경지역에도 군대를 편성해서 몽골군과 치열한 접전을 벌이지만 강화도로 천도한 후에는 정규군을 거의 투입하지 않은 상태에서 별초군을 부분적으로 투입해서 지방 항쟁을 후원하는 방식을 취했는데, 이는 정부가 정면 대결을 피하고 강화도 수비에만 전략적으로 집중한 결과"라고 보았다.

모든 군사력이 강화도에 집결하자 고려의 백성은 무방비로 방치되었다. 몽골도 직접 강화도를 침략하는 대신 한반도를 도륙하여 우회적으로 강화도 정부를 압박하는 전략을 썼다. 결국 고려의 백성들은 생존을 위해 스스로 싸워야 했다.

김윤후가 상장군 자리를 거부하고 자신의 공을 낮췄던 까닭은 그 당시 고려 백성들의 처절한 상황을 잘 알고 있었기 때문이 아니었을까? 김윤후가 자신의 공을 사양한 이후 처인 부곡은 천민 거주구역인 부곡에서 일반 백성의 거주구역인 현으로 파격 승격되었다.

충주성의 승리, 고려 백성의 승리!

몽골의 고려 침입
- 1차 1231년
- 2차 1232년
- 3차 1235년 ~1239년
- 4차 1247년
- 5차 1253년
- 6차 1254년~1259년

13세기, 세계는 몽골제국의 손아귀에 있었다. 세계 역사상 유례가 없는 강력한 정복전쟁이 몽골에 의해 진행되고 있었다. 몽골은 30여 년 동안 모두 여섯 차례에 걸쳐 고려를 침략하는데, 그중 결정적인 전투의 패전으로 고려에서 철수한 경우는 단 두 차례였다.

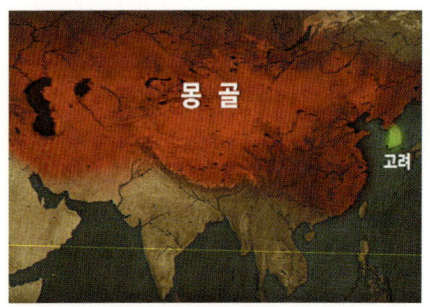

13세기 몽골의 점령지.

2차 때의 처인성 전투와 5차 때의 충주성 전투가 그것이다. 그런데 놀라운 점은 당시 세계 최강이던 몽골군을 격퇴한 두 전투의 지휘관이 동일인이었다는 사실이다. 바로 김윤후였다. 처인성 전투를 승리로 이끈 21년 뒤, 김윤후는 처인성의 승리가 결코 우연이 아니라 필연이었음을 충주성에서 다시 한 번 입증한다.

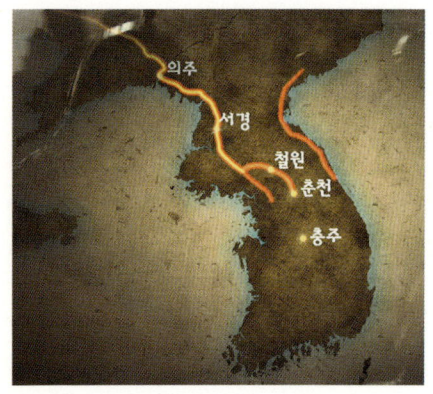

몽골군의 5차 침입 경로.

고종 40년(1253), 몽골의 제5차 침입이 시작됐다. 고려의 집권자 최우가 사망한 후에도 고려 조정이 개경으로 환도할 기미를 보이지 않자 다시 침략을 개시한 것이다. 고려 정벌을 마무리 짓기 위해 출정한 사람은 몽골의 황족 에쿠(也窟). 그는 몽골의 황제 몽케칸(蒙哥汗·1208~1259)의 숙부로 야굴대왕(也堀大王)이라고 불렸던 인물이다.

에쿠가 이끄는 몽골의 주력부대가 지금의 춘천인 춘주까지 파죽지세로 남하해 들어왔다. 몽골군은 투항을 요구했으나 춘주민들이 끝까지 항전하자 성을 여러 겹으로 포위하고 2중의 목책과 참호를 쌓아서 철저히 고립시켰다. 싸움이 장기전으로 접어들자 성 안의 물이 고갈되면서 소, 말을 잡아 그 피를 마실 정도로 사태는 비참했다. 결국 성이 함락당하고 춘주민 대부분은 적에게 도륙당했다. 몽골군의 5차 침입 이래 최악의 참극이 춘주에서 벌어진 것이다. 춘주 사람 박항(朴恒)이 부모로 추정되는 시체만 300구를 찾았다고 전할 정도로 그때의 춘주 전투는 참혹했다.

> 몽골병이 춘주(춘천)를 함락할 때 박항이 서울에 있었기에 부모의 죽은 곳을 알 수 없었다. 그리하여 성 아래 쌓인 시체가 산과 같았는데 (부모와) 모양이 비슷한 자를 모두 거두어 묻기를 300여 명에 이르렀다. ─《고려사》 박항전

춘주 전투 이후 몽골군의 잔혹함에 놀란 많은 고려인들이 몽골군에 투항했다. 에쿠의 몽골군이 충주에 도착한 것도 그 시점이었다. 한반도 중심에 위치하면서 남북을 잇는 내륙교통의 중심지였던 충주. 30년 대몽항쟁 기간에 총 아홉 차례에 걸친 전투가 충주에서 벌어졌다. 충주에 있는 중원 탑평리 칠층석탑(국보 제6호)은 우리나라 중앙부에 위치한다고 해서 중앙탑이라고도 불린다. 충주는 적에게나

고려에게나 뺏길 수 없는 전략적 요충지였다.

에쿠는 투항한 고려인들을 방패 삼고, 고려를 배신한 부몽분자(附蒙分子) 홍복원(洪福源)과 이연을 앞세워 충주민들의 항복을 권유했다.

충주성에는 마침 김윤후가 방호별감(防護別監)으로 내려와 몽골군을 기다리고 있었다. 처인성 승첩 이후 21년이 지난 시점이었다. 김윤후와 충주민은 항전을 결의했다. 드디어 몽골의 총공세가 시작되었다.

> 빗발 같은 화살과 돌, 천둥 같은 북소리로 여러 달 공격하니 외롭게 남은 성이 매우 위태로웠다. ─《고려사》

하지만 김윤후가 이끄는 충주민의 저항도 끈질겼다. 10월에 시작된 전투는 11월이 지나도 끝날 줄 모르고 계속되었다.

그 사이 몽골군 진영에서 내분이 일어났다. 전투의 부진 때문에 에쿠와 다른 황족 사이에 의견 대립이 생겼고 결국 사령관 에쿠가 본토로 소환되었다.

> 황족 에쿠가 원한으로 다른 황족의 진영을 습격하여 황제가 에쿠의 고려 정벌을 파하였다. ─《신원사新元史》

충주성의 상황도 나쁘긴 마찬가지였다. 성이 포위된 지 70여 일. 성의 양식이 떨어져가고 성 안의 백성들도 모두 지쳐가고 있었다. 몽골군의 투항 권유에 백성들이 동요하기 시작했다. 결단이 필요했다. 마침내 김윤후는 성 안의 백성들을 불러 모았다. 김윤후의 손에는 노비문서가 들려 있었다.

若能效力無貴賤悉除官爵

최선을 다하여 적을 막는다면 신분의 귀천 없이 모두에게 벼슬을 내릴 것이오.

—《고려사》

이야기를 마친 김윤후는 노비들이 보는 앞에서 노비문서를 불태우고 노획한 소와 말을 노비들에게 나누어주었다. 엄격한 신분제 사회에서 김윤후의 결단은 결코 쉬운 일이 아니었다. 정규군이 없는 상황에서 전투력의 핵심은 관노와 농민들, 일반 백성이었다. 노비문서를 불태운 김윤후의 결단은 이들을 독려하기 위한 비책이었다.

차용걸 교수는 노비문서를 태운 일이 결과적으로 "양반들이 우선 살기 위해 도망치는 것을 막을 수 있었고, 백정과 같은 하층 신분도 양반들과 손을 맞잡고 성을 지킬 수 있게 만든 원동력"이 되었다고 설명한다.

결국 성 안의 사람들이 김윤후를 믿고 죽음을 무릅쓰고 항전하자 몽골군이 좌절해 남진하지 못하고 충주에서 포위를 풀었다고 《고려사》는 전한다.

몽골군이 충주에 도착한 지 70여 일 만에 고려 조정에 승전보가 전해졌다. 고려 정부는 신분의 귀천 없이 벼슬을 내리겠다는 김윤후의 약속을 이행했다. 농민에서 노비에 이르기까지 공에 따라 포상을 내렸다. 또 충주가 국원경(國原京)으로 승격됨으로써 충주민에 대한 집

대림산성. 충북기념물 제110호.

단 포상도 이루어졌다.

역사의 수수께끼, 충주성의 70일 항쟁

70일간의 충주성 전투에서 김윤후는 다시 한 번 몽골의 황족인 에쿠를 상대로 백성의 정신력을 원동력 삼아 승리를 거두었다.

그런데 몽골은 오랜 정복전쟁을 치르면서 동서양의 신무기로 성을 공격하는 '공성전'에도 매우 강력해진 상태였다. 그렇다면 김윤후와 충주의 백성들은 오로지 정신력만으로 몽골군의 70일간에 걸친 집중 공격을 견뎌냈을까? 역사의 수수께끼로 남아 있는 충주성의 70일 항

남아 있는 대림산성의 성벽. 돌의 크기가 일정하지 않고 틈새도 많이 벌어져 있다.

전, 그 원동력을 추적해보자.

천혜의 요새 대림산성

김윤후와 충주민들이 70일간 항전한 충주성은 어디에 있었을까? 조사연구가 진행 중인데 현재로서는 충주의 대림산성(大林山城)이 유력시되고 있다. 대림산성은 둘레가 5킬로미터에 이르는 대규모 성곽이다. 성 앞에 하천이 흐르고 진입하는 입구가 좁아서 적들의 침입이 쉽지 않다는 장점을 갖고 있다. 성 안에 물이 풍부하다는 점도 70일 항전을 지탱할 수 있었던 중요한 요소 가운데 하나다. 또한 충주 관아에서 그다지 멀리 떨어져 있지 않아 유사시 단시간에 대피해 적을 막아내기에 유리했다.

대림산성의 흔적을 찾기 위해서는 가파른 산길을 올라야 한다. 지

대림산성의 좁은 입구 앞을 흐르는 하천.

금껏 성터 곳곳에서 고려시대 것으로 추정되는 토기와 기와 파편들이 발견되었다. 대림산성과 고려시대를 연결해주는 중요한 유물들이다. 전문가들은 대림산성이 삼국시대 후기에 축성돼 주로 고려시대에 사용되었을 것으로 추정한다. 그 근거로 길경택 충주박물관 학예연구실 연구원은 "성벽 돌의 크기가 일정하지 않고, 틈새도 많이 벌어져 있는 등 급조한 흔적이 엿보인다"는 점을 든다. 그것으로 볼 때 "축조 당시가 평화로운 시절이었다기보다 신라 말이나 고려 초 후삼국의 쟁패 시기가 아닐까" 추측할 수 있다는 말이다.

청야입보(淸野立保), 즉 전쟁이 일어나면 식량을 챙기고 들판을 태운 후 산성에 들어가 적을 방어하는 것이 고려의 주요 전술이었다. 천연의 요새인 대림산성은 몽골의 공격을 막아내기 위한 최선의 선택이었을 것이다.

몽골의 공성 무기인 운제(사다리차)와 발석차.

명중률 높은 쇠뇌의 활약

몽골은 원래 수전과 공성전에 약했지만 고려를 침입했을 때는 이미 다양한 대외 원정 경험을 바탕으로 공성전에 강한 면모를 갖춘 상태였다. 몽골군은 금나라와의 전쟁에서 사다리차인 운제(雲梯)와 성 너머로 돌을 던지는 발석차(發石車) 등 공성 무기들을 사용했다. 또 거란, 여진 등 공성전에 강한 정복국가의 군사들도 전투에 참전시켰다. 전쟁기념관의 김대중 박사에 따르면 "몽골군은 청야입보의 공성전을 전개하는 고려에 대항하기 위해서 당시 거란족, 여진족, 한족으로 구성된 별도의 부대를 확보했으며, 특히 공성 무기를 만드는 위구르족 기술자들을 동원해서 고려를 침공했다"고 한다.

몽골은 호라즘(Khorazm)을 정복할 때도 다양한 첨단무기를 사용했다. 호라즘은 조로아스터 문화가 번성했던 고대 문명의 중심지로, 중앙아시아 아무다리야 강 하류 지역에 위치해 있었다. 몽골이 호라즘을 공격할 당시 사용한 발화 무기 가운데 지금의 수류탄과 비슷한 것도 있었다. 몽골군이 점령한 도시의 성벽 근처에서 발견된 이 무기는 두꺼운 자기로 만들어졌는데, 용기 안에 기름을 가득 채우고 점화선

몽골군이 사용하던 발화무기. 수류탄과 비슷하다.

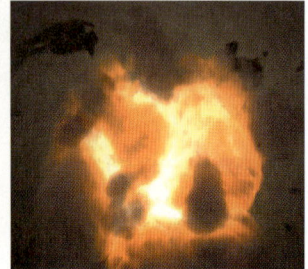

기름을 채운 뒤 불을 붙여서 던지면 터지는 구조다.

을 넣은 뒤 불을 붙여 던지면 폭발하는 구조였다. 어른 주먹 정도의 크기였지만 그 위력은 엄청났다.

그러나 고려 역시 계속되는 전투를 거치면서 몽골에 대한 승리의 경험을 축적하고 있었다. 경기도 안성의 죽주산성(竹州山城)은 1236년 안성의 백성들이 몽골군을 15일간 맞서 싸워서 격퇴한 곳이다. 당시 죽주성 방호별감이었던 송문주(宋文冑) 장군은 몽골군과의 전투 경험을 바탕으로 몽골군 공성전의 특징을 정확히 파악하고 있었다.

적이 틀림없이 어떤 기계를 설치할 것이니 우리는 마땅히 무슨 기계를 준비하여 이에 응전할 것이다. —《고려사》

죽주산성에서의 승리 소식은 중앙에서 파견된 방호별감을 통해 다

경기도 안성의 죽주산성. 경기도기념물 제69호.

몽골군을 격퇴할 당시 죽주성 방호별감이었던 송문주 장군의 사당.

른 지역에도 퍼져나갔다. 백종오 충주대학교 교수는 "방호별감 송문
주 장군을 중심으로 지방 관리와 지방민들이 혼연일체가 되어 승리
한 이 전투는 이후 처인성 전투의 주역인 김윤후가 그곳 지역을 관리

하고 통할하는 기본적인 임무를 수행할 수 있는" 기반이 되었다고 설명한다.

그렇다면 몽골군의 공성에 대항한 고려의 무기는 무엇이었을까? 서양식 석궁과 유사한 기계식 활인 쇠뇌〔弩〕였다. 우리나라는 삼국시대 이전부터 쇠뇌가 발달해 있었는데 특히 고려는 정노(精弩)라는 쇠뇌 부대를 따로 운용할 정도로 쇠뇌를 중요하게 여겼다. 이 쇠뇌의 전통은 조선시대까지 이어졌다. 조선 말기 훈련도감에서 편찬한 병서로, 새로 제조된 군사 장비를 수록한 《훈국신조기계도설訓局新造器械圖說》에 쇠뇌에 대한 설명이 자세히 나온다.

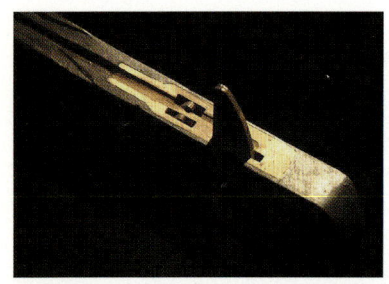

고려의 무기였던 쇠뇌. 전쟁기념관 소장.

김대중 박사에 따르면 "기계식 활인 쇠뇌는 일반 활에 비해 명중률이 대단히 높고, 엄폐된 곳에서 적을 명중시킬 수 있기 때문에 성곽전이 중심이 되는 대몽항쟁에서 매우 중요한 역할을 했다"고 한다. 조작이 간편하고 매복전에

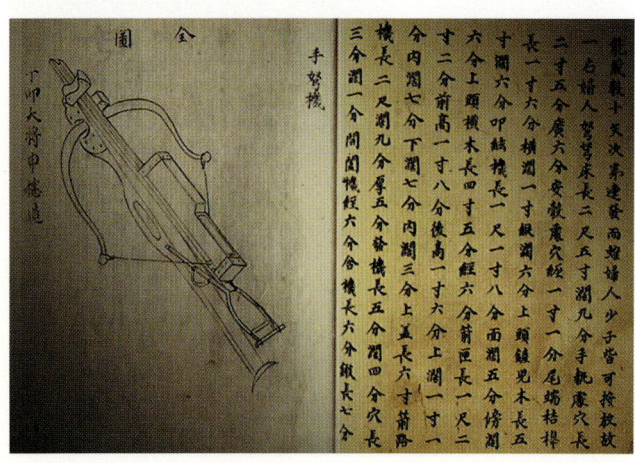

《훈국신조기계도설》에
실려 있는 쇠뇌에 대한 설명.

고려시대 제철단지였던 충주의 다인철소.

유용했던 쇠뇌는 성에 입보해 장기간 항전한 충주 전투에서 요긴한 무기로 사용되었을 것이다.

다인철소에서 생산한 우수한 칼

무엇보다 충주는 쇠뇌와 같은 무기를 만들어낼 수 있는 철이 풍부했다. 충주에는 고려시대 때 철제무기를 제작하던 대규모 제철단지가 있었다. 최근 다인철소(多仁鐵所)라고 알려진 고려시대의 유적이 충주 첨단지방 산업단지 발굴을 통해 조금씩 그 모습을 드러내기 시작했다. 다인철소는 전문적으로 철을 생산해 정부에 조달하던 지역으로, 말하자면 오늘날의 포스코(포항제철)와 같은 대규모 제철단지였다.

발굴을 통해 야철로(冶鐵爐) 유적의 외형도 모습을 드러냈다. 야철로란 철을 제련하는 일종의 용광로 시설인데, 과거에는 야철로를 부

다인철소에서 발굴된 용광로 외형.

쉬가면서 철을 제련했기 때문에 그동안 외형이 남아 있는 야철로 유적을 찾기가 쉽지 않았다.

야철로 주변을 덮고 있던 엄청난 양의 검은색 석재도 발견되었는데 자세히 들여다보면 일반 석재와 다른 점을 쉽게 확인할 수 있다. 이런 석재는 다인철소로 추정되는 충주시 이류면 전체 35개 지역의 지표면에서 발견되고 있다. 이 석재가 바로 철을 만드는 과정에서 생기는 찌꺼기인 슬래그(slag), 즉 강재(鋼滓)다.

다인철소의 용광로 주변을 덮고 있던 검은색 석재. 철을 만드는 과정에서 생기는 찌꺼기인 슬래그다.

이재돈 중앙문화재연구원 선임연구원의 설명에 따르면 "지금까지 다인철소에서만 15톤 트럭으로 여섯 대 분량 이상의 슬래그를 걷어냈는데, 그 정도면 야철로가 최소한 100개는 있어야 나오는 양"이라고 한다. 이로써 현재 남아 있는 야철로는 한 기뿐이지만 과거에는 주변 지역에 상당히 많은 야철로가 있었다고 추정해볼 수 있다.

그런데 《고려사》에 보면 전쟁이 끝난 후 원나라는 충주에서 환도 1000자루를 만들어 보낼 것을 고려에 요구한 적도 있었다. 길경택 학예연구실장은 이런 사실을 통해 "충주 다인철소에서 생산한 칼이 몽골의 칼보다 질적으로 우세했고, 결국 이런 무기의 우수성 덕분에 충주가 몽골군을 막아낼 수 있지 않았을까" 추측한다.

다인철소의 백성들은 신분상 천민에 가까운 계층에 속했다. 소(所)라는 구역에 사는 백성들은 부역에 매달려 아무리 일해도 보상을 받을 수 없었고, 관직에 나가는 것도 한계가 있었다. 여기에 전쟁까지 겹쳐 그 고통과 부담이 몇 배로 늘어난 상황이었다. 더욱이 강화도의 최씨 정권은 대몽 항쟁기에도 삼별초가 전국에서 거둔 세금을 가지고 사치스러운 생활을 했기 때문에 백성들의 불만이 적지 않았다.

김윤후는 이런 백성들의 불만을 정확히 알고 있었기에 공에 따라 노비에게도 벼슬을 내리겠다고 약속했고, 그 약속은 충주성 승전 후에 실현되었다. 충주성 전투의 승리는 백성의 항전 의지와 김윤후의 지도력이 조화를 이룬 결과였다. 몽골군을 고려에서 철군시킨 김윤후는 충주성 전투 이후 감문위(監門衛) 섭상장군(攝上將軍)이라는 높은 벼슬에 임명되었다.

대몽항쟁 기간 동안 지역 승격이 이루어진 네 곳. 그중 처인성과 충주 두 곳의 지휘관이 김윤후였다.

대몽항전 기간에 지역민들의 활약이 두드

러진 전투에 대해서는 나중에 지역민들의 신분을 일괄적으로 상승시키는, 이른바 지역 승격이라는 집단 포상이 이루어졌다. 지역이 승격된 곳은 모두 네 군데였다. 그 네 곳 가운데 두 곳의 지휘관이 바로 김윤후였다.

그런데 이런 혁혁한 전과에도 불구하고 그에 대한 기록은 많이 남아 있지 않다. 그는 왜 이렇게 역사에서 소외됐던 것일까?

김윤후를 외면한 왜곡의 역사

충주성 전투를 기념하는 충주 대몽항쟁전승기념탑. 역사에 기록된 김윤후의 승전은 단 두 차례였지만 두 번 다 몽골을 고려에서 철수시킨 결정적 승리였다. 그리고 이 두 전투는 장기화되는 대몽항쟁 중에 고려가 명맥을 유지할 수 있는 발판이 되었다.

주채혁 세종대학교 사학과 교수는 "고려는 국명은 물론 징병권과 징세권도 유지했는데, 이는 세계에서 찾아볼 수 없는 사례"라고 소개한다. 몽골제국은 1260년 이후 중국 전역을 점령한 뒤 고려에 대한 전략을 정복에서 조공체제로 바꿨는데, 이는 고려가 그때까지 버텨냈기 때문에 가능한 일이었다는 것이다.

충주 전투가 있었던 이듬해 몽골의 6차 침입(1254~1259)이 시작된다. 몽골의 6차 침입은 이전의 침입과 달리 6년간이나 지속됐다. 그 사이 국토는 초토화되었고, 수많은 사람들이 살해되거나 포로가 되

충주 대몽항쟁전승기념탑과 김윤후 동상.

었다. 고종 41년(1254) 《고려사》에
는 "포로된 자가 20여만 명에 이
르고 살육된 자는 셀 수가 없고 몽
병이 지나는 곳마다 잿더미가 되었다"는 기록이 남아 있다.

　1259년, 결국 고려는 몽골과 강화를 맺고 단계적으로 개경 환도를
실시했다. 몽골의 세조, 쿠빌라이(Khubila · 1215~1294) 칸이 고려에
대한 정책을 정복에서 조공으로 바꾼 것도 그때였다. 그 후 고려는
몽골이 세운 원나라가 멸망할 때까지 약 1세기 동안 원나라의 내정간
섭기를 겪게 된다.

　개경 환도 이후 강화도의 성은 파괴되었다. 강화의 성뿐 아니라 30여
년의 대몽항쟁기 동안 고려는 완전히 초토화되었다. 부인사 초조대장
경, 흥왕사 속장경 등의 불교 문화재도 그때 소실되었다.

몽골이 고려를 여섯 번째로 침입할 당시의 세조 쿠빌라이 칸.

김윤후가 역사에서 외면당한 이유가 여기에 있었다. 윤용혁 교수의 설명을 들어보자. "몽골과의 전쟁 이후에 몽골의 간섭기를 거의 1세기 동안 거쳤기 때문에 대몽항전의 공을 세운 것이 오히려 죄가 되는 상황이 되었고, 그런 이유에서 김윤후에 대한 기록이 제대로 정리되거나, 그 업적이 제대로 평가받을 수 있는 여건이 마련되지 않았다."

원의 내정간섭 기간에 대몽항쟁 승전의 업적은 반역과 모반의 역사가 되었다. 김윤후는 동북면 병마사, 예보상서, 우복야(右僕射) 등의 높은 관직을 역임했지만 그 내용이 역사에 자세히 기록되기 힘들었던 것이다.

김윤후가 승려 출신이었다는 점도 그가 후대에 환영받지 못한 이유 가운데 하나였다. 불교를 국가 이념으로 받아들인 고려시대에는 화려한 불교 문화가 대변하는 것처럼 승려의 사회적 지위가 높았다. 많은 수의 사찰과 탑이 건립되었고, 이름난 승려들은 왕실과 나라의 스승으로서 국가 정책에 중요한 영향을 미쳤다. 그러나 조선이 건국되면서 상황은 달라졌다. 억불숭유(抑佛崇儒)를 개국 이념으로 삼은 조선에서 고려시대 승려 출신의 위인들은 크게 주목받기 어려웠다.

고영섭 동국대학교 불교학과 교수는 조선시대에 김윤후가 별다른 주목을 받지 못했던 또 다른 이유로 "김윤후는 불교의 평등사상에 입각해서 신분의 차별 없이 능력에 따라 대접받는 세계를 꿈꾼 인물일 수도 있었기 때문에" 위계질서를 중시하는 조선조의 유학자들로서는 그런 그를 제대로 조명하기가 부담스러웠을 것이라고 설명한다.

　적장인 살리타를 사살한 주인공으로서 제대로 조명되지 못한 김윤후. 억불숭유의 조선시대를 거치면서 그 이름은 다시 한 번 역사의 뒤안길에 묻히고 만다. 그러다 김윤후의 이름과 업적은 뜻밖의 시대, 뜻밖의 장소에서 부활한다.

후세에 부활한 고려의 영웅

1592년 임진왜란이 일어났다. 물밀듯이 밀려드는 왜군의 공세에 조선군이 크게 패하자 나라를 구하기 위한 의병운동이 조선 땅에 들불처럼 번졌다.

　충남 금산군의 종용사(從容祠) 칠백의총(七百義塚)에는 승병장 영규대사(靈圭大師·?~1592)와 전라 의병장 고경명(高敬命·1533~1592) 선생 등 임진왜란 때 순국한 의병장 21명의 위패가 모셔져 있다. 그 정중앙에 조선 의병 전쟁의 선구적 인물인 중봉 조헌 선생의 위패가 있다. 바로 "화살 하나로 돼지를 맞혀 죽여 몽골군을 물리친" 고려시대 영웅 김윤후를 백성들에게 상기시키며 의병을 모집한 인물이다. 조헌 선생이 모집한 의병은 1000여 명. 의병들은 영규대사 휘하의 승병과 합세해 청주성을 탈환하고, 이어 금산에서 왜군 1만 5000명과 장렬히 맞서 싸우다 처절히 전사한다.

　조국이 참화를 겪을 때 가족과 나라를 지키기 위해 분연히 일어난

임진왜란 당시 순국한 의병장들의 위패를 모셔놓은 종용사.
김윤후를 언급하며 의병모집에 나섰던 중봉 선생의 위패도 있다.

조선의 의병들. 그들의 뇌리엔 고려 영웅 김윤후와 처인성 승전의 기억이 깊숙이 박혀 있었을 것이다.

김윤후는 오늘날 연구자들에 의해서도 재평가되고 있다. 먼저 주채혁 교수는 김윤후를 "고려의 명맥이 그대로 유지되고 오늘날까지 이어지는 데 결정적인 역할을 한 인물"이라고 평가한다.

윤용혁 교수는 김윤후가 공을 세울 수 있었던 지도력의 핵심으로 "판단력, 신의, 정직성, 열린 마음, 겸손함 등"을 꼽았다. 마지막으로 차용걸 교수는 "출세를 위해서가 아니라 승려로서 중생들을 구제한다는 사명감을 현실에서 실천한 인물"로 김윤후를 설명했다.

금산혈전순절도.

나는 싸울 때 활과 화살도 가지고 있지 않았는데 어떻게 그렇게 큰 상을 받을 수 있겠습니까? 여러분이 힘을 다하여 싸우면 신분의 귀천을 가리지 않고 모두에게 상을 내릴 것입니다!

역사가 전하는 김윤후는 이처럼 백성의 편에 섰던, 겸손하고 신의가 있는 사람이었다. 그리고 위기의 순간 조선의 백성들이 떠올렸던 고려의 영웅이었다.

역사는 힘 있는 사람, 승리한 사람의 언어로 기록되기 쉽다. 대몽항전 시기 고려의 영웅 하면 어떤 인물이 떠오르는가? 혹시 최씨 무신정권이나 삼별초만을 기억하고 있지는 않은가?

한국사
傳
2

4

1505년 4월 1일.

연산군이 내시 김처선을 겨냥해 활시위를 당겼다.

　화살이 가슴에 박혔지만 김처선은 의연했다.

　연산군은 그의 다리마저 잘랐다.

　"일어나라, 어명이니라."

　"전하께서는 다리가 부러져도 걸음을 걸으시옵니까?"

자신이 섬기던 임금의 손에 베이고 찔려 죽어간 내시 김처선.

대체 무엇 때문에 김처선은 그토록 참혹한 죽임을 당했을까?

왕의 남자
── 내시 김처선

내시는 왕조의 역사만큼이나 긴 내력을 가졌지만
역사의 그늘에 가려 드러나지 않았던 특수한 신분의 사람들이다.
그런데 지금부터 살펴볼 내시 김처선(金處善 · ?~1505)에 대해서는 유독
그의 죽음을 둘러싼 수많은 이야기가 기록으로 전해온다.
조선왕조 역사에서 왕이 직접 내시를 죽인 사건은 전무후무한 일이었다.
그것도 활로 쏘고 칼로 찌르고 베어서 참혹하게 살해했다.
아마도 폭군으로 불리는 연산군이라면 능히 그럴 수 있다고
생각하는 사람들도 있을 것이다.
하지만 우발적 참사로 보기엔 석연치 않은 점이 많다.
김처선의 죽음은 그 뒤로 엄청난 파란을 일으켰다.

연산군의 분노, '처(處)'자를 없애다

1505년 경상도 봉화. 내시 김처선이 죽은 직후, 조선의 촉망받는 엘리트 선비였던 권벌(權橃·1478~1548)은 예상치 못한 통지문을 받는다. 통지문엔 청천벽력 같은 내용이 실려 있었다. 과거 합격이 취소됐다는 것이다. 마지막 시험 관문인 책문(策問), 즉 정치에 관한 계책을 물어 답하게 한 시험까지 당당히 통과하여 문과에 급제한 권벌이

경북 봉화군 닭실마을 기와촌. 과거 답안에 '처(處)'자를 썼다는 이유로 합격이 취소된 선비 권벌의 종가가 있다.

었다. 그런데 무슨 이유로 합격이 취소된 걸까?

경북 봉화군 닭실마을. 그곳의 권벌 종택에서 그 내막을 알려주는 옛 기록을 찾았다. 권벌의 과거 합격이 취소된 이유는 권벌의 글과 연보를 수록해놓은 문집에 기록되어 있었다. 이유는 너무도 뜻밖이었다.

> 연산군께서 명령하기를 모든 문자에서 '처(處)' 자와 '선(善)' 자를 쓰지 말도록 하였다. 그런데 선생의 과거 답안 중에는 '처' 자가 있었기 때문에 삭제(합격 취소)된 것이다.

단 하나의 글자, 바로 '처(處)' 자 때문에 과거 합격이 낙방으로 바뀐 것이다. 연산군은 무슨 까닭으로 별안간 '처' 자를 못 쓰게 한 것일까? 《연산군일기》에서 그 내역을 찾아보았다.

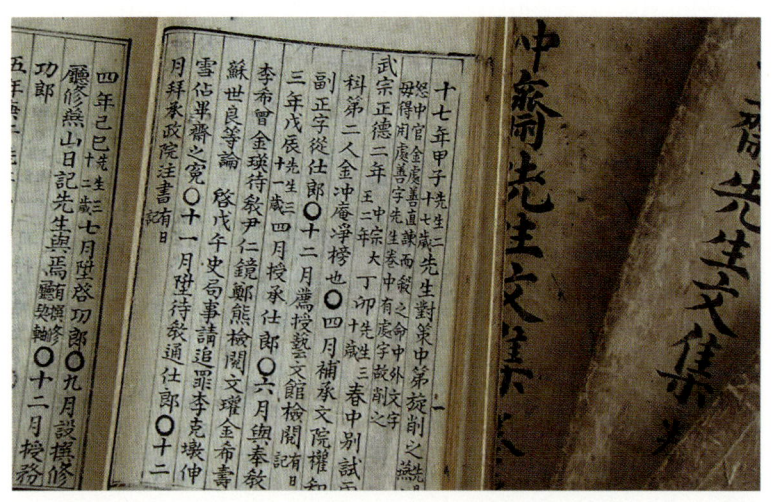

권벌의 문집 속에 김처선의 '처' 자를 써서 과거 합격이 취소되었다는 내용이 실려 있다.

동서반이 대소인원 및 군사 중에 김처선과 이름이 같은 자가 있거든 모두 고치게 하라.

놀랍게도 연산군은 김처선과 이름이 같은 대신들의 이름까지 모두 고치게 했다.

處子, 乃罪人金處善之名也 自今凡文書, 勿用處子

處자는 곧 죄인 김처선의 이름이니 이제부터 모든 문서에는 處자를 쓰지 말라. 알겠느냐.

—《연산군일기》 1505년 7월 19일

김처선을 연상시킨다는 게 그 이유였다. 심지어 모든 공문서에서 '처' 자 사용을 금지했다. 갑작스런 '처' 자의 사용 금지령은 파란을 몰고 왔다.

1505년 12월 22일에는 조정 대신이 국문을 받는 사태까지 벌어졌다. 임금께 올린 교지에서 '처'가 발견된 것이다. 교지를 쓴 날짜를 조사하는 소동이 벌어지고, 확인 결과 금지령 이전에 쓴 교지임이 밝혀졌다.

"국문을 멈추어라!" 국문을 받던 관리는 뒤늦게 풀려날 수 있었다.

김처선을 향한 연산군의 분노는 그토록 집요했다. 백성들이 일상적으로 쓰는 말 가운데 '처' 자가 들어간 것도 바꿔버렸다. 24절기의 하나인 처서(處暑)는 '처' 자를 갈 조(徂)자로 바꾸어 '조서(徂暑)'라 부르게 했다. 연산군이 즐기던 처용무(處龍舞)마저 '풍두무(豊頭舞)'로 바꿰었다.

신병주 교수는 "김처선의 이름자를 영원히 없애고자 할 만큼 연산
군의 김처선에 대한 분노가 컸다는 것을" 실감할 수 있는 대목이라고
설명한다.

대체 김처선은 무슨 죄를 지었기에 죽은 뒤에도 이토록 가혹한 처
벌을 받았을까?

> 신하가 임금을 섬김에는 그 정성과 공경을 다하여야 하거늘
>
> 요사이 간사한 내시 김처선이 나의 은혜를 잊고
>
> 변변치 못한 마음을 품고서 분부를 꺼리고 꾸짖으니
>
> 신하로서의 죄 중 무엇이 이보다 더 크랴.
>
> —《연산군일기》연산군 11년 4월 4일

"자신의 본분을 잊고 임금을 꾸짖었다."

《실록》에 기록된 김처선의 죄목이다. 그러니까 김처선이 연산군에
게 바른말을 하다가 분노를 샀다는 뜻이다. 하지만 그뿐이 아니었다.
내시 김처선이 임금에게 바른말을 한 파장은 너무도 컸다. 조선의 행
정구역까지 바뀌었다.

1505년 연산군은 현재의 충남 연기군 전의면에 해당하는 전의현(全
義縣)을 조선의 행정구역에서 없애버렸다. 바로 김처선이 나고 자란
'전의 김씨'의 본향이었기 때문이다. 사건이 일어나기 전까지 그 일
대는 전의 김씨 집성촌이었다. 하지만 연산군의 보복이 시작되면서
전의 김씨는 종적을 감추었다.

김처선이 나고 자란 본향이라고 해서 연산군이 조선의 행정구역에서 없애버린 곳.
현재의 충남 연기군 전의면에 해당한다.

　임영수 연기향토박물관 관장에 따르면 "김처선이 태어난 집을 아
예 없애버리고 그 자리에 연못을 만들었다"고 한다. 옛날에는 죄인의
기운이 못 올라오게 하기 위해서 집을 파헤치고 물을 채워서 연못을
만드는 풍습이 있었다. 마을 사람들은 연못이 생긴 그곳을 '연지(蓮
之)'라고 불렀다. 17세기에 제작된
전의현 지도에 김처선을 향한 연산
군의 보복 흔적이 그대로 남아 있
다. 사라진 집터에는 연못 그림만
그려져 있을 뿐이다.

김처선의 집터에 연못 그림만 남아 있는
옛 전의현 지도.

　내시 김처선이 자신이 모시던 연
산군의 손에 처형된 지 500여 년. 김
처선의 집을 헐고 만든 옛 연못 자리

엔 들풀만 무성하다. 이처럼 고향 마을에서도 김처선의 자취는 연산군에 의해 남김없이 지워졌다.

연산군은 김처선을 죽인 뒤 승정원에 다음과 같은 시를 내렸다.

殘薄臨民莫類予	이토록 백성들에게 잘해왔건만
那思姦閹犯鸞輿	내시가 임금을 모욕할 줄이야
羞牽痛極多情緖	부끄럽고 아픈 마음이 극에 달해서
欲滌滄浪恨有餘	바닷물에 씻어도 한이 남으리.

분해서 바닷물에 씻어도 한이 남는다고 표현한 대목에서 김처선을 향한 연산군의 분노가 뚝뚝 묻어난다.

사실 김처선이 역모를 꾀한 것도 아니었다. 왕을 해하려 한 것도 아니었다. 그런데도 연산군이 김처선 사건을 다룬 과정을 보면 가혹하기 짝이 없다. 광기에 가까운 집착까지 느껴진다. 대체 연산군에게 김처선은 어떤 존재였을까?

세 임금이 신뢰했던 내시부 최고 수장

사건이 일어난 그날까지, 김처선은 연산군의 수라를 감독하는 상선내시(尙膳內侍)로 근무했다. 상선내시는 가장 가까운 곳에서 최고 권력자인 왕을 모시며 왕의 건강과 생명을 지키는 막중한 지위로, 아무나 오를 수 있는 자리가 아니다.

조선의 헌법으로 불리는《경국대전經國大典》에 내시부 조직과 임무에 관한 규정이 들어 있다. 《경국대전》에 따르면 내시부의 임무는 크게 네 가지다. 구체적으로 궁궐 음식을 감독하는 대내감선(大內監膳), 왕명을 전달하는 전명(傳命), 궁궐 문을 지키는 수문(守門), 마지막으로 궐 안을 청소하는 소제(掃除)다.

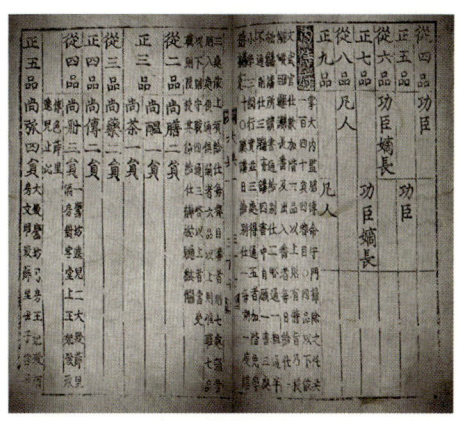

《경국대전》의 내시부 품계를 적어놓은 대목.
말단의 종9품 상원에서, 종2품 상선까지 두었다.

내시도 능력에 따라 진급했다. 품계는 말단의 종9품 상원(尙苑)에서 종2품 상선(尙膳)까지 두었다. 그중 상선은 왕의 절대적 신임이 있어야만 오를 수 있는 내시부의 최고 자리였다. 왕은 가장 믿음직한 내시를 상선에 앉혔다. 왜 그랬을까?

피라미드로 나타낸 내시들의 품계.

신명호 부경대학교 사학과 교수에 따르면 "전통 시대 대부분의 쿠데타는 내부에서 왕을 독살하는 방식으로 일어났는데, 왕을 독살할 수 있는 자는 왕 측근에 있는 사람"이었다고 한다. 따라서 "왕의 음식, 사생활과 관련된 부분을 호위하는 게 대단히 중요한데, 그런 역할을 하는 사람이 바로 상선내시"라는 것이다. 왕의 생명은 물론 국가의 안위와 직결되는 역할이기에 가장 믿음직한 내시를 곁에 둔다는 말이다.

상선내시 김처선은 내시부의 수장으로 200여 명의 내시들을 이끌고 연산군을 보필했다. 연산군의 건강과 안전을 지키는 것이 상선내시 김처선의 주요 임무였다. 그렇다면 김처선은 어떤 과정을 거쳐 상선내시에 오른 것일까?

내시 김처선이 《실록》에 처음으로 등장하는 것은 단종이 왕위에 오른 지 1년째 되던 1453년. 유배 중이던 김처선은 그해 10월에 귀양지에서 풀려나 내시부로 복귀했다. 김처선은 단종 임금 때부터 내시의 길을 걷고 있었던 것이다. 김처선이 내시가 되어 모신 왕은 단종 임금부터 연산군까지 모두 다섯 명.

그러나 다시 궁으로 돌아온 김처선의 내시 생활이 순탄하지만은 않았다. 귀양을 간 것만 두 차례. 세조 때는 왕의 행차에 늦어 곤장을 맞기도 하고, 국문을 받은 일까지 있었다. 내시직은 사소한 실수도 용납되지 않았다.

신명호 교수는 "내시의 궁극적인 임무는 왕이 건강하게 잘 살 수 있도록 옆에서 보호해주는 것"이라고 요약한다. 그렇기 때문에 규율도 많고 엄격했다. 왕에 관련된 나쁜 소문이나 나쁜 버릇을 알아도 발설해선 안 되며, 왕이 나쁜 음식을 먹지 않도록 보호해야 할 의무가 있었다. 왕이 궐 밖을 행차할 때 외부의 습격으로부터 보호하는 책임도 최종적으로 내시에게 있었다.

엄격한 내시부 규율은 옛 기록으로도 확인된다. 《내반원기內班院記》

는 조선의 대학자인 김종직(金宗直)이 성종의 명을 받들어 만든 내시부 지침서에 해당한다. 《내반원기》에서 무엇보다 중요하게 여긴 것은 내시들의 정신무장이었다.

苟一毫有怠忽之心	만약 조금이라도 태만함이 있으면
鮮不及矣	어찌 죄가 미치지 않겠는가?
雨露之澤 烏可以苟冀	임금의 은혜를 어찌 바랄 것이며
而雷霆之威 烏可以苟免矣	무서운 위엄을 어찌 피하겠는가?

내시는 고자가 된 어린아이들 가운데 철저한 교육과정을 거쳐 선발한다. 어린 내시들은 19세가 되면 관직을 받았는데, 1년에 네 차례 시험을 쳐서 고과에 반영했다. 그중에는 인내력과 체력 테스트도 포함됐다. 왕의 안전을 지키기 위해서라면 언제든 목숨을 바칠 수 있도록 훈련받는 것이다. 김처선도 그런 훈련 과정을 거쳤고, 성종 임금 때 마침내 그 능력을 인정받아 상선내시가 된 것이다.

궁 안에 비상이 걸린 성종 9년(1478), 김처선에게 또 한 번의 기회가 찾아온다. 성종 임금의 어머니인 인수대비(仁粹大妃)가 병에 걸렸는데, 병을 고치기 위해 전의(典醫)가 갖가지 좋은 약과 침을 놓았지만 나아질 기미를 보이지 않았다. 이때 김처선은 지극 정성으로 약을 달여 인수대비를 간호했다. 정성이 통했는지 인수대비의 병이 나았고, 김처선은 그 공을 인정받아 정2품 자헌대부(資憲大夫)에 오른다. 파격적인 승진이었다.

신병주 교수는 당시 김처선이 종2품직 상선이라는, 내시로서는 최

성종 왕릉. 김처선은 연산군 대신 3년간 성종의 능을 지키는 시묘살이를 했다.

고의 직급에 올라 있었고, 신하들이 모두 반대했음에도 성종이 품계를 하나 더 올린 것은 그만큼 김처선에 대한 신임이 매우 각별했다는 방증이라고 설명한다.

성종이 세상을 뜬 뒤에도 김처선의 입지는 흔들리지 않았다. 연산군 3년까지, 김처선은 성종의 능을 지키는 시릉내시(侍陵內侍)로 시묘살이를 했다. 새 왕인 연산군은 국정을 돌봐야 하기 때문에 김처선이 대신 시묘살이를 한 것이다. 시릉관은 왕이 가장 신임하는 신하에게 맡기는 게 조선의 관례였다.

1497년, 3년간의 시묘살이를 마친 김처선은 연산군이 하사한 말을 타고 궁으로 돌아왔다. 김처선이 내시부에 복귀했을 때, 상선내시 자리는 그대로 비어 있었다. 김처선은 그때부터 8년 동안 연산군의 손발이 되어 상선내시로 근무한다. 김처선이 성종과 연산군 2대에 걸쳐 상선내시를 지냈다는 것은 그만큼 왕으로부터 능력을 인정받고 두터운 신임을 얻은 인물이란 뜻이다.

그런데 여기서 한 가지 의문이 생긴다. 김처선의 죄목을 보면 왕의 지시를 거부하고 꾸짖기까지 했다고 되어 있다. 하지만 우리가 알고 있는 조선시대 내시는 어떠한 경우에도 임금의 명을 따라야 한다. 내시가 왕을 꾸짖었다는 것은 어떤 의미일까? 과연 상선내시 김처선과 연산군 사이에 무슨 일이 있었던 것일까?

연산군의 폭정을 누가 막을 것인가

연산군이 왕위에 오른 직후 대신들과 첫 충돌이 일어났다. 연산군이 아버지 성종을 위해 죽은 이를 위로하는 불교의식인 수륙재(水陸齋)를 지내려 하자 신하들이 적극적으로 반대하고 나선 것이다.

> 대신: 어찌 수륙재를 올리라 하십니까? 그것은 불가하옵니다.
> 연산군: 대행왕(大行王: 성종)께서 비록 불교를 좋아하지 않으셨으나 또한 선왕을 위하여 행하였으니, 나도 마땅히 대행왕을 위하여 행해야겠소.
> 대신: 아니 되옵니다. 전하.
> 연산군: 그래도 수륙재를 지낼 것이니 경들은 가서 제문을 지어오시오. 무슨 말인지 알겠소?
>
> ─《연산군일기》연산군 1년 12월 26일

대신들의 반대에도 불구하고, 연산군은 수륙재를 고집했다. 그러나 유학자인 대신들도 끝까지 반대의 뜻을 굽히지 않았다. 연산군이 버티자 유생들의 상소가 빗발쳤다. 성종이 불교를 멀리했으니 수륙재를 지내는 건 도리가 아니라는 반대 논리는 설득력이 있었다. 결국 연산군이 한발 물러날 수밖에 없었다.

하지만 왕을 견제하는 조정의 국정 시스템은 그리 오래가지 않았다. 연산군은 대신들의 세력을 견제하는 수단으로 왕의 명령을 승정원에 전달하는 내시인 승전색(承傳色)에게 힘을 실어주기 시작했다. 왕의 명령을 출납하는 승정원을 무시하고 승전내시가 왕의 명령을 전달하고 보고하게 했다. 왕권강화를 위해 내시를 이용한 것이다. 원래 조선은 제도상으로 국가의 모든 정보와 공문서가 승정원에 모이면, 승지가 왕에게 보고하는 시스템이었다.

신명호 교수는 조선의 승정원 시스템을 지금의 청와대 비서실에 비유한다. "지금 청와대 비서실에 온갖 국가 정보가 모이면 비서실장이 대통령한테 보고하고, 그 때문에 청와대 비서실이 힘이 있다고 얘기하듯이 조선시대도 기본적으로 비슷한 행정체제였다"는 설명이다. 그런데 연산군이 기존의 시스템을 완전히 뒤엎고 승정원과 왕 사이에 승전색이라는 내시를 두자 파란이 생긴 것이다.

대신들의 거센 반발에도 불구하고 연산군은 결국 승전내시를 우대하는 절목까지 만들어 공포했다. 승전내시에게 왕의 명령을 받든다는 표시로 승명패(承命牌)까지 부여했다. 승명패의 힘은 막강했다. 지나가던 대신도 승전내시 앞에서는 말에서 내려 예의를 갖추어야 했다. 연산군은 승전내시를 자신의 분신으로 내세워 조정 대신들을 압박해나갔다.

신명호 교수에 따르면 "내시를 높여준 왕들은 대체로 왕권을 높이려는 왕"이다. 비단 연산군뿐만 아니라 다른 왕들도 그러했다. 승명패를 주면서 내시를 높인다는 것은 사실 내시가 높은 게 아니라 왕이 높다는 의미를 내포한다는 것이다. 왕의 명패만 가지고 있어도 왕처럼 존경하라는 의미이므로 이는 곧 왕권을 높이려는 행위였다.

당시 연산군이 신임한 승전내시는 김자원(金子猿)이었다. 대신들도 그를 통하지 않고는 왕을 볼 수 없을 정도로 김자원은 막강한 권력을 행사했다. 왕명 출납을 맡은 뒤로 김자원은 가는 곳마다 뇌물을 받아 챙겼다. 조선은 내시의 정치 개입을 금지한 나라이지만, 연산군 시대의 김자원은 무소불위의 권력을 휘둘렀다. 당연히 내시부 수장인 상선내시 김처선의 통제권에서도 벗어나 있었다.

반면에 김처선은 비리와는 거리가 멀었다. 연산군이 김처선에게도 막강한 권력을 부여했지만 김자원처럼 악용하지 않았다. 그저 상선내시의 본분을 묵묵히 수행했을 뿐이다.

광기로 치달은 연산군의 피의 보복

연산군: 뭐라 했느냐! 당장 내관 김처선을 하옥하라!

연산군 10년(1504) 7월 16일, 상선내시 김처선에게 위기가 찾아온다. 연산군이 김처선을 옥에 가둔 것이다. 왕에게 무례를 저질렀다는 게 이유였다. 대체 무슨 일이 있었던 걸까?

김처선이 하옥되기 4개월 전, 연산군에게 피 묻은 적삼이 전해졌다. 연산군의 생모가 죽을 때 남긴 적삼이었다. 이로써 왕위에 오른 지 10년 만에 연산군은 생모인 폐비 윤씨가 사약을 받고 피를 토하며 죽어간 사실을 알게 된다. 분노한 연산군은 폐비 윤씨 사건의 진상을 직접 조사했다. 피바람을 일으킨 갑자사화(1504)의 시작이었다. 폐비 윤씨 사건에 연루된 사람은 모두 처형됐다. 이미 죽은 자는 무덤을 파헤쳐 다시 죽이는 부관참시(剖棺斬屍)까지 행했다. 윤씨가 폐위될 당시에 침묵을 지킨 사람들도 화를 당했다. 연산군의 피의 보복은 광기로 치달았다. 성종 때부터 상선내시를 지낸 김처선도 폐비 윤씨 사건으로부터 자유롭지 못했다.

원래 폐비 윤씨는 1473년 성종의 후궁으로 간택되면서 숙의에 봉해졌다. 1474년 공혜왕후 한씨가 죽자 곧바로 왕비로 책봉되고, 그해에 융(연산군)을 낳았다. 그런데 폐비 윤씨는 투기가 심해서 성종을 난처하게 하고 인수대비의 미움을 사는 일이 많았고, 결국 1479년에 폐위되기에 이른다. 폐비가 된 윤씨는 그로부터 3년 뒤에 사약을 받았다. 평민으로 강등된 뒤에도 반성하지 않는다는 보고가 접수되자 성종이 사약을 내린 것이다.

그때 연산군의 나이, 일곱 살. 김처선은 어린 나이에 어머니를 잃고 외롭게 자란 연산군의 아픔을 누구보다 잘 알고 있었다. 김처선은 연산군이 왕위에 오른 뒤에도 폐비 윤씨 사건의 진상만큼은 함구했다. 그런 상선내시 김처선은 연산군 입장에서 자신의 생모를 죽인 아버지 성종 임금의 충복에 불과했다.

갑자사화를 시작으로 이른바 연산군의 광풍이 몰아쳤다. 특히 어머니 폐비 윤씨의 죽음에 대한 진실을 알고 난 다음부터 폐비에 관련된 논의에 적극적이든 소극적이든 간여한 사람은 모두 잡아다 사약을 내리거나 처형했다.

신병주 교수는 이런 상황에서 연산군은 "성종 때 고위직에 있으면서 왕명을 전달하기 위해 수시로 대비전을 드나들었던 김처선이 폐비 윤씨의 죽음과 직접적으로든 간접적으로든 관계가 있으리라 판단했을 것"이라고 보았다.

연산군이 김처선을 옥에 가두라고 한 이유가 여기에 있었다. 하지만 연산군은 곧 심경의 변화를 일으킨다. 김처선을 옥에 가두라고 명한 지 채 하루도 지나지 않아 처벌 지시를 바꾸어 내린다.

김처선은 무례한 일이 있으니 죄를 주어야 하나
도설리가 없으니 곤장 100대에 처하라.

—《연산군일기》 연산군 10년 7월 16일

하옥되었던 김처선은 곤장을 맞고 풀려났다. 궁궐 음식을 담당하는 설리(薛里)를 감독할 사람이 없다는 게 연산군이 내세운 감형 이유였다. 김처선은 그때까지도 연산군에게 꼭 필요한 존재였던 것이다.

갑자사화 이후, 연산군은 파국을 향해 치달았다. 연산군의 뜻을 거스르면 누구도 살아남지 못했다. 당시 연산군의 폭정을 증언하는 금표(禁標)가 지금의 경기도 고양시에 남아 있다. 금표는 군사훈련 지역

일반인 출입을 제한했던 금표.
경기도 고양시 소재.

등에 세워 일반인의 출입을 제한하는 금지 표지였다. 연산군 10년에 백성들의 삶터에 세워진 이 금표는 공포의 대상이었다.

금표에는 범입(犯入), 즉 들어오는 자는 기훼제 서율이라는 법령에 의해 처참, 목을 치겠다는 경고가 붙어 있었다. 정동일 고양시 문화재전문위원에 따르면 실제로 금표가 걸린 장소에 들어갔다가 처형당한 사람도 있었다고 한다. 천동이라는 사람이다. 연산군 11년에 금표가 있는 곳에 함부로 들어갔다는 이유로 관아에서 그의 목을 친 후 금표 입구에 걸어두고, 다른 사람들이 이를 보고 들어가지 못하게 했다고 한다.

지금의 고양시에 남아 있는 금표가 있는 장소는 원래 백성들이 살아가는 마을이었는데, 연산군이 사냥터를 만들기 위해 백성들을 쫓아내고 금표를 세운 것이다. 애써 지은 벼를 수확하러 금표 안에 들어왔던 백성들은 왕명을 어긴 죄로 참사를 당했다.

연산군은 절대 권력을 휘두르며 점점 향락에 빠져들었다. 흥청(興淸)이라 불리는 기생들을 궁궐에 불러들여 날마다 잔치를 열었다. 급기야 흥청이 머물 처소를 마련하기 위해 민가까지 헐어냈다. 그곳에 살던 백성들은 삶터에서 쫓겨났다. 그때부터 '흥청망청'이라는 새로운 단어가 생겨났다. 연산군이 흥청을 끼고 놀면서 나라를 거덜 낸다

는 백성들의 한탄이 만들어낸 신조
어였다.

　상선내시 김처선의 고민은 깊어갔
다. 연산군의 분노의 이유를 누구보
다 잘 알고 있었지만, 김처선에게
연산군은 바른길로 가도록 섬기고
보필해야 하는 지존이었다. 왕을 모
시는 내시부 최고 수장으로서 누구

연산군이 관리들에게 목에 걸고 다니게 한 신언패.

보다 연산군이 성군이 되기를 기원했던 김처선. 하지만 안타깝게도
연산군의 행보는 김처선의 바람과는 다른 방향으로 질주하고 있었다.

　연산군은 관리들에게 '신언패(愼言牌)'라는 것을 목에 걸고 다니게
했다. 거기에는 '口是禍之門舌是斬身刀(구시화지문 설시참신도)'라는
글귀가 적혀 있었다. '입은 화를 부르는 문이요, 혀는 몸을 베는 칼이
다'라는 뜻이다. 그러니까 이 신언패를 걸고 다니며 말조심하는 것을
잊지 말라는 의미였다. 말을 잘못하면 목숨을 내놓아야 한다는 무언
의 압력이자 협박이었다.

　신하된 자로서 왕의 잘못을 바로잡는 것은 조선의 이념이었다. 하
지만 신언패가 목에 채워지면서 모든 왕명에 반하는 말과 행동은 목
숨 걸고 해야 하는 일이 되었다.

　결국 김처선이 연산군의 광기를 막기 위해 총대를 매기로 결심한
다. 물론 김처선은 언제든 왕을 위해 목숨을 바칠 각오가 되어 있는
내시였지만 혼자서 결정할 수 있는 간단한 문제가 아니었다. 김처선
의 고민이 시작되었다.

김처선에게 아내와 아들이 있었다

서울시 노원구 초안산 자락. 이곳에 김처선의 고민을 엿볼 수 있는 무덤이 있다. 묘비가 남아 있어 무덤의 주인을 확인할 수 있는데, 인조 임금 때 통훈대부(通訓大夫)라는 관직을 지낸 내시 승극철(承克哲)의 무덤이다. 그런데 이상하다. 묘비는 하나인데 무덤이 두 기다. 다른 하나는 누구의 무덤일까?

비석을 들여다보면 '통훈대부행 내시부 상세 승극철 양위지묘(通訓大夫行 內侍府 尙洗 承克哲 兩位之墓)'라는 비문이 음각되어 있다. 양위(兩位)지묘, 즉 부부의 묘라는 뜻이다. 또 하나의 무덤은 승극철 아내의 묘다.

북한산 자락의 중골에서도 내시 부부의 묘가 발견됐다. 사람들의 주목을 받지 못했던 무덤들이 모두 45기에 이르렀다. 다행히 비석이 남아 있어 주인이 확인됐다. 무덤의 주인은 광해군 때부터 순종 황제 때까지 내시를 지낸 한 내시 집안의 공동묘지였다. 숙종 때 상선내시를 지낸 임성익(林成翼) 부부의 무덤도 그곳에 있었다. 내시에게도 아내가 있었던 것이다.

일반적으로 내시는 혼자서 궁중에서 생활하고, 죽으면 혼자 묻힌 것으로 알고 있지만 사실은 이 무덤들에서 확인된 것처럼 내시들도 결혼생활을 했다.

묘비 뒷면을 보니 내시

인조 때 통훈대부를 지낸 내시 승극철 부부의 묘.

북한산 자락에 있는
광해군 시대 어느 내시
집안의 공동묘지.
부부의 무덤도 발견되었다.

임성익 부부에게 아들이 둘이나 있었다고도 적혀 있다. 강만재(康萬
載)와 박만창(朴萬昌). 두 아들의 성은 각기 다르지만 '만' 자 돌림을 썼
다. 내시 임성익은 양아들을 들여 대를 이은 것이다.

국립중앙도서관 족보실에는 특별한 족보 한 권이 보관되어 있다.
《양세계보養世系譜》인데, 조선 초기에 내시를 지낸 윤득부(尹得富)를 시
조로 하는 내시 집안 족보다. 족보의 구성은 일반 족보와 별반 다르
지 않다. 다만 가계도에 기록된 남자들의 성이 모두 다르다. 생식기
능을 잃은 조선시대 내시는 이처럼 양자제도로 대를 이었다.

《양세계보》 서문에는 내시 족보를 만든 이유를 밝혀놓았다. 비록 양자
로 가계를 이어가지만 낳은 은혜 못지않게 기른 은혜도 크기 때문에 소
홀히 할 수 없다는 것이다.

신명호 교수에 따르면 "왕이나 양반은 환관들이 정치에 관여하는
것을 무서워했다"고 한다. 가족이 없는 환관이 밤낮으로 정치 생각만
하고 아무 겁도 없이 달려들면 그들을 당해낼 수 없기 때문이라고 한
다. 그래서 "환관들도 가족을 두어서 정치보다는 자기 처자식들에게

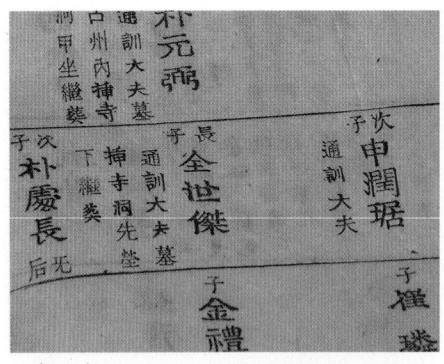

조선 초기 내시를 지낸 내시 집안의 족보.
가계도에 기록된 남자들의 성이 모두 다르다.

내시 족보를 만든 이유를 밝혀놓은 《양세계보》 서문.

관심을 많이 기울이게 했다"는 것이다.

김처선도 퇴근하면 사랑하는 아내와 아들이 기다리고 있는 집으로 돌아갔다. 남부러울 것 없는 단란한 가정이었다. 양아들로 들인 이공신(李公信) 역시 아버지의 뜻에 따라 내시가 되었다.

매일 아침 궁궐로 향하는 행복한 출근길. 그러나 갑자사화 이후, 김처선의 출근길은 행복할 수만은 없었다. 폭풍전야처럼 궁궐 안의 상황은 위태로웠다. 그 와중에 연산군을 보필하는 김처선의 하루하루는 언제 깨질지 모르는 살얼음판과 같았다. 방탕한 생활을 일삼으면서도 연산군은 백성들의 시선을 의식했다.

남산, 인왕산에 잡인이 올라가면
궐 안과 성 밖이 모두 바라보이므로 매우 좋지 않으니
산꼭대기와 산기슭에 담을 쌓아서 다니지 못하게 하라.

—《연산군일기》 연산군 11년 3월 20일

그러던 어느 날, 경기도 광주에 연산군을 비방하는 한글 벽보가 붙었다. 벽보는 연산군을 향한 백성들의 경고였다. 그러나 연산군은 민심을 외면했다. 사건을 보고받고 반성은커녕 도리어 백성들의 한글 사용마저 금지시켜버렸다.

앞으로는 언문을 가르치지도 말고 배우지도 말며, 이미 배운 자도 쓰지 못하게 하며, 모든 언문을 아는 자를 한성의 오부(五部)로 하여금 적발하여 고하게 하되, 알고도 고발하지 않는 자는 이웃 사람을 아울러 죄 주라.

—《연산군일기》 연산군 10년 7월 20일

이제 연산군의 폭정을 말릴 사람은 아무도 없었다. 김처선의 고민은 거기에 있었다. 신하된 자로서 왕의 잘못을 바로잡을 것인가, 아니면 가족을 지키기 위해 보고도 못 본 척 침묵할 것인가. 김처선은 선택의 갈림길에 서 있었다.

자신의 선택과 결정에 가족의 목숨이 달려 있다는 걸 알고 있는 이상 결단을 내리기가 쉽지 않았을 것이다. 김처선은 상상조차 하기 힘든 고민과 갈등 속에서 괴로운 나날을 보냈을지 모른다. 내시를 남편으로 섬기며 살아온 아내에 대한 안쓰러운 마음도 있었을 것이고, 효자로 살아준 양아들에 대한 미안함도 컸을 것이다. 하지만 김처선은 남편이자 아비이기 이전에 어린 나이에 내시 교육을 받고 관직을 제수받은 내시였다.

1505년 4월 1일, 김처선은 파국으로 치닫는 왕을 진정으로 지키고 섬기는 내시의 길이 무엇인지 고민하다 마지막 결단을 내리게 된다.

운명의 그날, 내시의 길을 택하다

김처선의 그날 행적은 이긍익(李肯翊)의 《연려실기술》에 자세히 기록되어 있다.

출근에 앞서 김처선은 가족들을 불러들였다. 굳은 결심을 한 듯 그의 얼굴 표정은 딱딱하게 굳어 있었다.

> 내 오늘 반드시 죽을 것이다. —《연려실기술》 6권 연산조 고사본말

사랑하는 가족들에게 유언을 남긴 채 죽음을 각오한 출근길. 아내와 아들은 눈물로 김처선을 배웅했다. 김처선의 생각이 옳다고 믿었기에 가족들은 그를 붙잡지 못했다.

김처선이 궁궐에 도착했을 때는 이미 연산군이 춤판을 벌이고 있었다. 김처선은 내시로서의 본분을 다하기 위해 연회가 끝날 때를 기다렸다. 그러나 연산군의 춤판은 멈추지 않았다. 묵묵히 지켜보고만 있던 김처선은 자신의 소임을 실행에 옮기기로 결심한다.

> 처선: 이 늙은 놈이 네 분 임금을 섬겼고, 경서와 사서를 대개 통하지만 고금에 전하처럼 행동하는 이는 없었습니다.

연산군의 독단적인 정치에 저항하던 많은 관료들과 양반 대신들이 죽어나간 상태였다. 더 이상 연산군의 폭정을 누구도 말리지 못하게 되자 김처선이 나선 것이다. 신명호 교수는 그때 김처선의 심정은

"연산군이 이런 식으로 국정을 운영하다가는 국가가 위험해지겠다, 그래도 성종 때의 방식이 나라를 위해선 낫다는 나름의 확신이 있었을 것"이라고 설명한다.

신병주 교수도 "김처선의 입장에서 보면 자신이 모셨던 다섯 왕에 대한 충성심의 마지막 발로이자, 어떻게 보면 연산군에 대한 마지막 충성의 길"이었다고 의미를 부여했다.

김처선의 직언에 분노한 연산군은 직접 활시위를 잡았다. 이미 죽음을 각오한 김처선은 피하지 않고 연산군의 화살을 받았다.

> 연산: 다시 한 번 말해보거라!
>
> 처선: 조정의 대신들도 죽음을 두려워하지 않는데 늙은 내시가 어찌 감히 목숨을 아끼겠습니까. 다만 전하께서 오래도록 보위에 계시지 못할 것이 한스러울 따름입니다.

죽어가면서도 김처선이 직언을 계속하자, 연산군은 다시 칼을 빼들어 김처선의 다리를 베었다.

> 연산: 일어나라. 일어나 다니라!
>
> 처선: 전하께서는 다리가 부러져도 다닐 수 있습니까?

—《연려실기술》 6권 연산조 고사본말

쏘고 찌르고 베었지만, 김처선은 숨을 거두는 순간까지 바른말을 거두지 않았다. 그것은 무너져가는 연산군을 지키기 위한 내시 김처선의 마지막 충심이었다.

김처선은 선왕과 비교해가며 연산군에게 바른말을 전했다고 한다. 신명호 교수는 "연산군이 참을 수 없는 부분이 바로 그 대목이었다"고 설명한다. 아버지 성종과 비교해서 자신을 나쁜 왕으로 공개적으로 얘기한 것이 나중에 김처선의 이름도 쓰지 못하게 하고, 아예 금지 글자로 만들 정도로 분노를 샀다는 것이다.

끝까지 '왕의 남자' 였던 내시

연산군의 서슬 퍼런 칼날이 무서워 누구도 바른말을 못하던 암울한 시기. 내시 김처선은 직언을 서슴지 않았다. 김처선이 죽은 뒤, 연산군 곁에는 더 이상 충언을 하는 신하도, 목숨을 바쳐 왕을 지키고자 하는 측근도 존재하지 않았다.

왕의 측근에서 내시가 권력을 휘두르는 것도, 또 내시가 왕의 명을 어기고 직언을 하는 것도 결코 정상적인 일은 아니었다. 내시 김처선의 비극적인 죽음은 연산군의 폭정으로 임금과 신하의 관계가 파탄을 맞았을 때 일어난 특수한 사건이었다.

역사의 평가는 엄정하다. 연산군은 김처선에 대한 모든 것을 지우려 했지만 지워지지 않았고, 김처선의 죽음은 기억되었다. 약 200년 뒤인 영조 임금 때 김처선은 신분이 복권되고 충신의 반열에 오른다. 대의를 위해 자신과 가족의 안위를 돌보지 않고 직언을 서슴지 않았던 내시 김처선. 그는 끝까지 진정으로 왕을 지키고자 했던 왕의 남자로 기억되고 있다.

한국사
傳
2

5

서기 660년, 신라와 당나라 연합군이 백제를 공격했다.

이 공격으로 백제 700여 년 역사는 막을 내리고 말았다.

역사에 패자가 있으면 승자가 있는 법.

그해 8월, 승자가 모습을 드러냈다.

신라의 태종무열왕 김춘추가 백제의 수도 사비성에 입성한 것이다.

백제를 멸망시키겠다던 김춘추의 오랜 열망과 복수가 이루어지는 순간이었다.

외교 지략가인가,
사대주의자인가?
—— 김춘추

백제와 고구려를 차례로 멸망시키고

마침내 삼국시대를 마감한 신라의 삼국통일.

그 중심에 태종무열왕 김춘추(金春秋 · 602~661)가 있었다.

김춘추는 탁월한 외교력으로 당나라를 끌어들여

통일의 대업을 이룰 수 있었다고 역사는 기록하고 있다.

그러나 이 대목은 우리 역사에서 논란이 되는 부분이기도 하다.

신라의 삼국통일은 당이라는 외세를 끌어들인 외세의존의 역사였다는

평가가 나오는 것도 그 때문이다.

그렇다면 김춘추의 외교는 과연 어떤 것이었을까?

그는 왜 그토록 외교에 집착한 것일까?

백제의 칼에 쓰러진 김춘추의 딸과 사위

삼국의 역사를 기록한 《삼국사기》에서 김춘추에 대한 첫 기록은 대야성(大耶城)이라는 지명과 함께 등장한다. 대야성은 지금의 경상남도 합천에 있던 성으로, 진흥왕 때 합천 지역을 차지한 신라는 도독부를 설치해 대야성을 관할했다.

해마다 태종무열왕릉에서는 후손들이 김춘추의 위업을 기리는 제향을 올린다.

지형지세로 볼 때 합천은 적은 수의 병사로도 충분히 방어할 수 있는 군사요충지였다. 조원영 합천박물관 학예연구사에 따르면 합천은 "신라가 만약 그 지역을 함락당하게 되면 보령, 대구, 경산 앞까지 바로 뚫릴 가능성이 있는 중요한 지역"이었다고 한다.

특히 천혜의 자연지형을 이용해 축조한 대야성은 난공불락의 요

지금의 경남 합천에 있던 대야성은 신라의 서쪽 국경을 지키는 최고 요충지였다.

642년 8월, 대야성 전투에서 백제를 맞아 싸웠던 신라 장수 죽죽의 비석. 품석이 백제에 항복했다는 기록이 뚜렷이 남아 있다.

새로 백제에 대항하여 신라의 서쪽 국경을 지키는 최고 요충지였다. 642년 8월, 백제의 의자왕은 윤충(允忠) 장군을 보내 대야성을 공격했다. 당시 대야성 전투를 기록한 비석이 지금도 합천에 남아 있다. 백제의 침공에 맞서 싸웠던 신라 장수 죽죽(竹竹 · ?~642)의 비석이다.

비석에는 "꺾일 수는 있어도 굽힐 수는 없다"는 글이 새겨져 있다. 이것이 그의 아버지가 '죽죽'이라는 이름을 붙여준 이유였다. 실제로 죽죽은 "내가 어찌 항복하겠느냐"며 백제에 끝까지 항전했다고 한다. 죽죽의 행적을 기록한 비문을 보면 품석(品釋)이라는 인물이 백제에 항복했다는 대목이 나온다. 품석은 당시 대야성의 도독(都督), 즉 성주였다. 백제군이 쳐들어오자 품석은 성문을 열고 항복했고 부인과 함께 백제군의 포로가 되었다. 그리고 두 사람은 곧바로 현장에서 처형당했다.

《삼국사기》 백제본기 의장왕 2년(642)의 기록을 보면 "백제군은 품석과 부인의 머리를 잘라 부여로 보냈다"고 한다. 품석은 왜 이처럼 비참한 최후를 맞았을까? 이는 품석 자신이 자초한 일이었다.

품석이 부하 검일의 아내가 미색이 있음을 보고 빼앗았다.

—《삼국사기》죽죽열전

대야성의 도독 품석은 자신의 부하인 검일(黔日 · ?~660) 장군의 아내를 탐내 빼앗아버렸다. 이를 안 검일은 복수의 칼날을 갈았다. 백제가 쳐들어오자 검일은 백제 측과 내통해 대야성 창고에 불을 지르고 신라군을 혼란에 빠지게 했다. 이에 품석은 항복하고 만 것이다. 그런데 놀랍게도 품석과 그의 아내 고타소(古陀炤)는 바로 김춘추의 사위와 딸이었다.

대야성 함락 소식은 신라 조정을 발칵 뒤집어놓았다. 신라 화랑들이 자신들의 맹세를 새긴 임신서기석(壬申誓記石)은 화랑들이 국가에 대한 충성을 목숨처럼 여겼다는 것을 보여주는 증거물이다. 박방룡 국립경주박물관 학예연구실장은 임신서기석은 "나라에 대란이 있을 때는 기꺼이 나라를 위해서 충성을 다하겠다는 내용을 담고 있는데, 화랑정신이 얼마나 투철했는지 알 수 있는" 중요한 금석문이라고 설명한다.

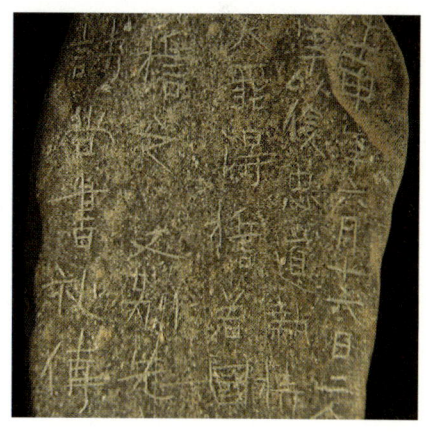

신라 화랑들이 국가에 대한 충성의 맹세를 새겨놓은 임신서기석. 보물 제1411호.

그런데 김춘추의 사위인 품석은 화랑정신을 외면한 채 백제에 항복하고 만 것이다. 이내 대야성 함락의 책임과 비난이 김춘추에게 쏟아졌다. 정치적 · 도의적 책임을 피할 수 없는 상황이었다. 김춘추로서는 최대의 정치적 위기였다. 주보돈 경북대학교 사학과 교수는 이 사건으로 인해 "중앙에서 김춘추의 위상이 현격히 저하되어 견제와 균형이 깨지는 상황에 이르렀고 자칫 실각할 수도" 있을 정도로 심각한 위기상황에 놓이게 되었다고 설명한다.

김춘추는 위기를 타개하기 위해 마음속으로 결단을 내리고 당시 왕이던 선덕여왕(善德女王 · ?~647)을 찾아갔다.

臣願奉本使高句麗請兵 以報怨於百濟
신이 고구려의 사신으로 가 그 군사를 청하여 백제에 대한 원수를 갚고 싶습니다.

—《삼국사기》 선덕왕 11년

그가 선택한 방법은 바로 고구려행이었다. 대야성에서 딸과 사위가 죽고 그 시신까지 빼앗긴 김춘추. 개인적으로도 큰 충격이었다. 그는 눈앞에 사람이 지나가도 알아챌 수 없을 정도로 비탄에 잠겼다고 한다.

嗟乎 大丈夫 豈不能吞百濟乎
슬프다. 대장부가 되어 어찌 백제를 멸하지 못하리오.

김춘추와 김유신, 문무왕까지 삼국통일 세 주역을 모신 경주 통일각.

신라의 생명선, 한강을 지켜라

경주의 통일각은 김춘추와 김유신(金庾信·595~673), 그리고 김춘추의 맏아들인 문무왕(文武王·?~681)까지 삼국통일의 세 주역을 모신 곳이다.

　김춘추 시대에 신라는 삼국 가운데 가장 큰 곤경에 처해 있었다. 백제와 고구려가 끊임없이 신라를 침범해왔다. 친 백제계인 왜 역시 신라를 적대시했다. 실제로 왜는 신라를 치기 위해 대군을 준비하기도 했다. 《일본서기》를 보면 스이코 천황 10년(602)에 "내목

7세기 초 신라와 고구려의 주요 전쟁

- 북한산성 진평왕 25년(603)
- 우명산성 진평왕 30년(608)
- 낭비성 진평왕 51년(629)
- 칠중성 선덕왕 7년(638)

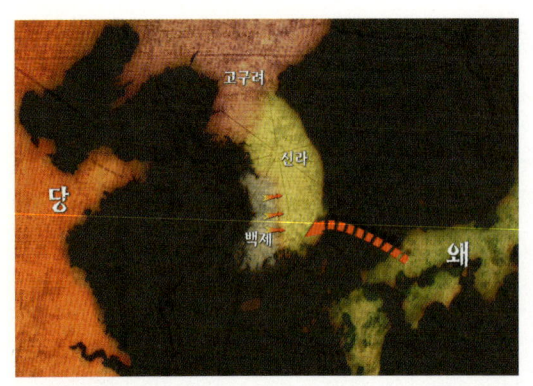
김춘추가 활약했던 7세기 초, 신라는 고구려, 백제, 왜 등 열강의 틈바구니에서 큰 곤욕을 치렀다.

황자(來目皇子)로 신라를 공격할 장군으로 정하고 군사 2만 5000명을 주었다"는 기록이 남아 있다.

한강을 둘러싼 쟁탈전도 치열했다. 7세기 초, 신라는 한강 유역을 사이에 두고 고구려와 치열한 접전을 벌이고 있었다.

한강은 신라의 생명선이나 다름없었다. 현재 경기도 화성시 서신면에 있었던 한강 유역의 당항성은 신라가 중국과 교통할 수 있는 중요한 통로였다. 이 성을 지키기 위해 신라는 군사력을 집중시켰다.

김지원 화성시 문화홍보과 학예연구사에 따르면 "신라는 육로를 통해 당 문물을 받아들이기 어려웠기 때문에 한강 유역의 당항성을 중심으로 당 문물을 수용할 수 있는 거점을 만들었다"고 한다. 물론 백제나 고구려에게도 중요한 곳이었지만 당과 신라, 고구려와 백제의 십자외교 속에서 당항성은 신라가 당으로 갈 수 있는 매우 중요한 해상 교통의 요충지였다는 것이다.

《삼국사기》를 보면 그 당시 백제와 고구려가 연합하여 바로 이 당항성을 빼앗으려 호시탐탐 기회를 노리고 있었다는 사실을 확인할 수 있다. 신라가 당으로 통하는 길을 끊으려 한 것이다. 신라의 위기였다. 강종훈 대구가톨릭대학교 역사교육과 교수는 "한반도의 한 모퉁이에 자리 잡고 있던 신라의 입장에서는 주위의 강대한 두 세력을 한꺼번에 막아야 하는, 군사적으로 고전을 면할 수 없는 위기"에 처해 있었다고 당시 상황을 설명한다.

바로 그런 시점에 김춘추가 적대국가 고구려에 군사를 청하겠다고 나선 것이다.

> 김춘추: 나는 공과 일심동체요. 지금 내가 만일 고구려에 들어가 해를 당한다면 공이 무심할 수 있겠소?
> 김유신: 공이 가서 돌아오지 않는다면 내 말발굽이 반드시 고구려와 백제 두 왕의 궁정을 짓밟을 것이오.
> 김춘추: 내 생각에 60일이면 돌아올 것이오. 만일 그 기한이 지나도 오지 않으면 두 번 다시 만날 기회가 없을 것이오.
>
> ─《삼국사기》 김유신열전

김춘추의 고구려행은 목숨을 건 결단이었다. 당시 고구려는 기세등등했다. 연개소문(淵蓋蘇文·?~666)이 642년에 정변을 일으켜 정권을 장악하고 있던 때였다. 한편 당나라는 고구려와 끊임없이 군사적 충돌을 일으키고 있었다. 그 와중에 김춘추가 고구려행을 결심한 것은 당과의 관계를 염두에 둔 행보였다.

《김춘추 외교의 승부사》의 저자인 박순교 박사는 "김춘추가 고구려와의 외

당 태종의 초상.

교를 양면적으로 해석한 것 같다"고 말한다. 김춘추 입장에서는 설사 실패하더라도 차후 당 태종과의 외교를 성공적으로 성사시킬 정보력을 확보할 수 있을 테고, 한편으로는 고구려와도 연대할 수 있다는 것을 내세움으로써 당 태종을 장기간 압박할 수 있다는 계산에서 비롯된, 일종의 외교적 제스처였다는 것이다.

죽음을 무릅쓴 대고구려 외교

김춘추는 자신의 정치적 기반들이 와해되어가는 와중에 죽음을 무릅쓰고 협상을 하러 고구려로 떠났다. 그것은 신라를 위한 김춘추의 희생이었다. 윤선태 동국대학교 역사교육과 교수는 "그런 제스처를 취함으로써 결과적으로 진골 귀족에게 아주 강인한 인상을 심어줄 수 있었다"고 해석한다.

고구려로 간 김춘추는 연개소문을 만났다. 두 사람은 탐색전을 벌이며 서로의 인물 됨됨이를 파악하려 했다. 그 만남은 팽팽한 긴장 속에 이루어졌을 것이다. 고구려 조정에서는 김춘추를 제거하여 후환을 없애자는 주장도 제기되었다.

신라 사자는 보통 사람이 아닙니다. 이번에 온 것은 아마도 우리의 형세를 살펴보려는 것이오니 왕은 도모하시어 후환이 없게 하소서.

—《삼국사기》 김유신열전

연개소문을 만난 뒤 김춘추는 마침내 고구려의 마지막 왕인 보장왕(寶藏王·?~682)을 찾아갔다. 그 자리에서 김춘추는 고구려의 군사 지원을 요청했다.

> 김춘추: 백제가 무도하여 신라 강역을 번번이 침략하고 있습니다. 이제 고구려의 군사를 얻어 그 치욕을 씻고자 합니다.
>
> 보장왕: 지금 신라가 차지하고 있는 마곡현과 죽령은 원래 우리 고구려 땅이다. 그 땅을 돌려주면 군사를 내어줄 수 있느니라.

보장왕은 군사동맹의 대가로 영토를 요구했다. 즉 소백산맥 이북인 옛 고구려 땅을 돌려달라는 것이었다. 그러나 그곳은 신라로서는 결코 양보할 수 없는 곳, 바로 한강 상류 지역이었다. 김춘추는 "신은 신라왕의 명을 받들어 원병을 청하러 왔거늘 어찌하여 대왕께선 사신을 위협하여 땅을 돌려달라 하십니까(臣奉君命乞師 但威劫行人以要歸地)"라는 말로 단호히 거절했다.

그것으로 협상은 결렬됐고, 김춘추는 고구려의 감옥에 갇히고 말았다. 그러나 그는 처음부터 사태가 이렇게 되리라는 것을 예견해 미리 고구려 관료 선도해(先道解)를 매수해둔 상태였다. 그의 치밀함이 빛을 발하는 순간이었다. 김춘추를 찾아와 술잔을 기울이던 선도해는 토끼와 거북의 설화를 들려주었다. 토끼는 용왕의 딸을 위해 간을 바치라는 거북이에게 간을 잠시 꺼내두고 왔다고 거짓말을 하고는 해안가에 오르자마자 그대로 도망친다. 토끼처럼 당장의 위기 극복을 위해 거짓 약속이라도 하라는 우회적인 충고였다. 김춘추는 선도

해의 충고를 받아들여 거짓 약속을 했다.

二嶺本大國地 今臣歸國 請吾王還之

마곡현과 죽령은 본래 고구려의 땅입니다. 신이 귀국하면 우리 왕께 청하

여 돌려드리겠습니다.

한편 신라에 남아 있던 김유신도 행동에 들어갔다. 김춘추가 억류
되었다는 소식에 별동대 3000명을 고구려 국경에 집결시켰다. 김유
신은 "지금 이 나라의 어진 재상이 고구려에 붙들려 있는데 어찌 두
렵다 하여 반격을 하지 않을 수 있겠느냐"며 부하들을 설득했다.

김춘추는 자신의 기지와 김유신의 무력 시위 덕분에 무사히 신라
로 돌아올 수 있었다. 결국 김춘추의 목숨을 건 고구려행은 현실적으
로 아무것도 얻은 것 없이 끝나버린 셈이다.

그런데 여기서 주목할 점이 있다. 대야성이 함락당하고 신라가 국가
적 위기에 처했을 때 선덕여왕과 진골 귀족들은 걱정만 할뿐 누구 하
나 뚜렷한 타개책을 내놓지 못하고 있었다. 바로 그때 김춘추가 움직

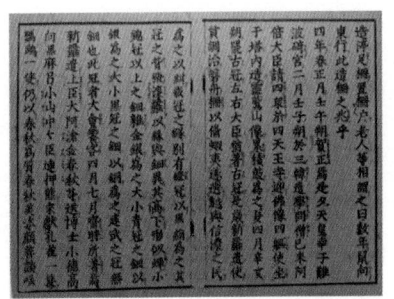

《일본서기》에 등장하는 김춘추에 관한 기록.
"춘추는 얼굴이 잘생겼고, 쾌활하게 말을
잘했다"는 대목.

였다는 사실이다.

《일본서기》에도 김춘추에 대한 짧은
기록이 나온다. "춘추는 얼굴이 잘생겼
고 쾌활하게 말을 잘했다"는 대목이다.
고구려에서 돌아온 후 김춘추는 또다시
왜로 건너갔던 것이다. 그러나 당시 왜
에는 백제계의 영향이 강하게 남아 있

김유신의 집터로 추정되는 경주시 교동.

였다. 따라서 일본행 역시 큰 위험을 감수해야 하는 길이었다. 백제를 멸망시키겠다는 집념이 그의 일본행을 감행케 한 것인지도 모른다. 이처럼 백제를 제압하기 위해 외교에 몰두한 김춘추, 그는 과연 어떤 인물이었을까?

김춘추와 김유신, 두 비주류의 만남

경주시 교동에는 김유신의 집터로 추정되는 곳이 남아 있다. 김유신은 자신의 집으로 김춘추를 자주 불러서, 공을 땅에 떨어뜨리지 않고 차는 게임인 축국(蹴鞠) 놀이를 즐겼다. 김유신의 집을 드나들던 김춘추는 김유신의 여동생 문희(文姬)와 눈이 맞았고, 급기야 문희는 혼전 임신을 하기에 이른다. 이 사실을 안 김유신은 부도덕한 여동생을 태워 죽이겠다며 마당에 불을 피웠다. 때마침 남산에 오른 선덕여왕이 연기가 피어오르는 것을 보고 사연을 물었다. 그때 김춘추는 크게 당황했다고 한다. 사연을 들은 선덕여왕은 김춘추에게 문희와의 결혼을 명령했다. 이 모든 일은 처음부터 김춘추의 사람됨을 알아본 김유신의 계책이었다.

김유신은 어떤 인물이었을까? 금관가야의 마지막 왕 구형왕(仇衡王)은 법흥왕(法興王) 대에 금관가야를 신라에 바치고 귀순했는데, 그 구형왕이 바로 김유신의 증조부다. 신라로 귀순한 김유신 가문은 숱한 전공을 세웠다. 그러나 당시 신라의 주류는 정통 진골 귀족들이었다. 김유신 가문은 여전히 비주류였다.

김춘추의 가문 역시 신분적으로 치명적 약점을 안고 있었다. 김춘추의 할아버지는 바로 진흥왕(眞興王)의 둘째 아들인 진지왕(眞智王)이다. 그런데 진지왕은 유부녀 도화랑(桃花娘)과 부적절한 관계를 맺어 비형(鼻荊)이라는 아들을 낳았고 즉위 4년 만에 국인, 즉 귀족들에 의해 왕위에서 쫓겨나고 만다.

'정치가 어지럽고 음란하다'는 이유로 4년 만에 귀족들에 의해 쫓겨난 진지의 손자가 바로 김춘추인 것이다. 폐위된 왕의 후손이라는 사실은 김춘추가 정치적 입지를 굳히는 데 치명타로 작용했다. 강종훈 교수의 설명에 따르면 김춘추가 이처럼 "폐위된 진지왕의 혈통으로 성골이 아닌 진골 출신이었기 때문에 일찍이 왕위 계승 가능성에서 멀어져 있었다"고 한다.

신분적·정치적 한계를 지녔던 김춘추와 김유신. 두 사람은 혼맥을 통해 끈끈한 유대관계를 맺었다. 두 가문의 유대관계를 말해주는 일화가 있다. 진덕여왕(眞德女王) 때 백제와의 전투에서 김유신은 여덟 명의 백제 장수를 사로잡았다. 그때 그는 백제 포로와, 김춘추의 사위인 품석 부부의 유골 교환을 제의했다.

> 김유신: 대야성 전투에서 죽은 우리 군주 품석과 그의 아내 김씨의 유골이
>
> 너희 백제 옥중에 묻혀 있다. 죽은 두 사람의 유골을 보내어 너희들의 목
>
> 숨과 바꿔가는 것은 어떻겠느냐.

—《삼국사기》김유신열전

결국 김유신의 제안을 백제가 받아들이면서 김춘추의 딸과 사위의 유골은 신라로 돌아올 수 있었다. 6년 만이었다.

돈독한 관계를 유지하던 김춘추와 김유신에게는 공통의 과제가 있었다. 선덕여왕의 왕권을 지키는 일이었다. 역사상 최초의 여왕인 선덕여왕이 등극한 후 신라 왕권은 불안정한 상태였다. 두 사람은 선덕여왕의 왕권 강화를 위해 힘을 모았다.

왕권은 진골 귀족들의 합의 속에서 반석을 굳혀야만 안정화될 수 있었다. 그런데 윤선태 동국대학교 역사교육과 교수에 따르면 "주류였던 진골들이 여왕의 집권에 불안감을 가지고 있었다"고 한다. 이 불안감을 증폭시킨 것이 당 태종

선덕여왕 영정.

의 언사였다.

> 그대 나라는 여자를 임금으로 삼아 주변 나라의 업신여김을 받으니 이는
> 임금을 잃고 적을 받아들이는 격이라 해마다 편안할 때가 없다.
>
> —《삼국사기》 선덕 12년

당 태종 역시 선덕여왕의 존재를 인정하지 않았던 것이다. 심지어 황제 일가를 신라 왕으로 파견하겠다는 의사를 밝히기도 했다. 정국이 불안할 수밖에 없었다. 신라 내부에서는 선덕여왕의 왕권을 빼앗으려고 진골 귀족들이 반란을 일으키기도 했다.

선덕여왕 16년(647)에는 상대등(上大等; 신라 최고관직)이었던 비담(毗曇)과 염종(廉宗)이 "여자 임금[女主]이 잘 다스리지 못한다"는 이유로 군사를 일으켜 선덕여왕을 무찌르려고 했다. 곧 김유신이 제압에 나섰다. 그러나 김유신의 전세는 그들에 비해 훨씬 불리했다. 김호상 신라문화유산조사단 박사의 말대로 "김유신의 관군은 평지성인 월성을 공격의 근거지로 삼은 반면, 비담은 군사권을 가지고 산성에 의지했기 때문"에 김유신이 훨씬 불리할 수밖에 없었다. 그런 상황에서도 김유신은 불리한 전세를 역전시켜 반란군을 평정했다. 결국 상대등 비담을 비롯해 반란세력은 모두 처형당했다. 그때 옛 귀족 세력인 진골들도 상당수 제거되었다.

> 비담 등이 패주하니 쫓아가 목을 베고 구족을 멸하였다. —《삼국사기》 김유신열전

반란군의 진압으로 김유신은 군사권을, 김춘추는 정치권을 장악했다. 이제 두 사람은 신라의 신흥세력으로 확고한 자리를 잡았다.

김유신이라는 걸출한 파트너와 함께 신라 정치의 중심이 된 김춘추. 그러나 아직 남은 과제가 있었다. 반드시 멸망시키리라 맹세했던 백제는 여전히 건재한 채 끊임없이 신라 국경을 침범하고 있었다.

이에 김춘추는 대당외교에 나섰다. 쉬운 일은 아니었다. 고구려와 끊임없이 충돌하던 당에게 한반도 동쪽의 작은 나라 신라는 관심의 대상이 아니었던 것이다. 하지만 결국 김춘추는 나당 군사동맹을 이끌어내는 데 성공했다. 김춘추의 나당동맹 성사, 그것은 치밀한 외교 전략과 고도의 심리전이 낳은 성과였다.

나당동맹을 이끌어내다

648년 당나라와의 외교 수립에 나선 김춘추. 역시 목숨을 건 길이었다. 봉성 온씨들의 사당인 사현사에는 대당외교에 나섰던 김춘추의 목숨을 구한 한 인물이 모셔져 있다. 바로 온군해(溫君解 · ?~648)다. 그는 김춘추의 대당외교에 결정적인 기여를 한다.

김춘추는 당나라에 가서 군사원조를 청하고 돌아오는 길에 고구려 군사에 포위됐다. 그때 온군해가 기지를 발휘해 김춘추를 작은 배에 태워 피신시킨 후, 그의 의관을 바꿔 입고 김춘추로 위장한 덕분에 김춘추는 무사히 사지를 빠져 나올 수 있었다. 온군해는 결국 고구려

평당 온씨 사당에 모셔져 있는 온
군해의 비석.

군에게 죽임을 당했다.

김춘추의 당나라행은 이처럼 위험하기 이를 데 없는 수천 리 고난의 길이었다. 당시 당나라의 수도는 지금의 서안(西安). 당나라에 도착한 김춘추는 당 태종으로부터 환대를 받았다. 김춘추가 도착했다는 소식을 들은 당 태종은 외빈을 접대하는 관리인 광록경(光祿卿) 유형(柳亨)을 장안성 외곽까지 내보내 김춘추를 마중하게 했다. 당시 외교 관례로 볼 때 이는 매우 이례적인 일이었다. 당 태종 자신도 김춘추를 매우 높이 평가하고 후하게 대했다.

당나라가 김춘추를 환대한 데는 나름의 이유가 있었다. 당나라의 대외정책은 중국 전역을 통일하고 세력을 팽창시키는 것이었기에 고구려와는 끊임없이 부딪칠 수밖에 없었다. 더욱이 김춘추와의 만남이 이루어진 것은 645년 당 태종이 군사를 이끌고 직접 고구려를 침공한 안시성 전투에서 치욕적인 패배를 한 직후였다. 비로소 당나라는 고구려의 이웃나라인 신라의 중요성을 인식하고 관심을 갖기 시작한 것이다.

노태돈 서울대학교 국사학과 교수는 "당은 일거에 대군을 동원해 고구려를 멸망시키려고 했지만 불가능하다는 것을 알게 되자 장기적으로 고구려를 공략할 수 있는 방법을 강구한 결과 신라의 전략적 가치와 군사력에 주목하게 되었다"고 설명한다. 그런 이유로 김춘추를 의도적으로 환대했다는 것이다.

당의 입장에서 고구려의 군사력을 분산하기 위해서라도 신라가 필요했다. 태종의 김춘추 환대에는 이런 계산이 깔려 있었던 것이다. 그런데 김춘추는 당 태종을 만난 자리에서 의외의 발언을 했다.

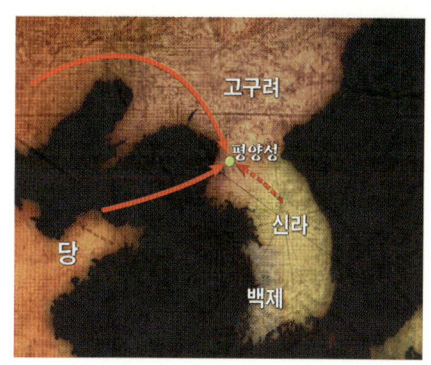

당나라가 김춘추를 환대한 이유는 장기적으로 신라의 군사력을 빌려 고구려를 압박하기 위해서였다.

지금 당나라의 국학에 수많은 학자와 학생들이 구름같이 모여들고 있다고 들었습니다. 국학에 나가 석전과 강론을 참관하고 싶습니다.

김춘추는 당나라와의 군사동맹이라는 핵심 사안은 꺼내지도 않고 오직 유학에만 관심을 보였다. 그의 치밀한 전략이었다. 이를 두고 강종훈 교수는 "김춘추가 처음부터 자신의 속마음을 드러내 보이지 않고 상대방이 궁금해서 그 말을 꺼낼 때까지 기다린 것"이라고 설명한다. 외교관으로서 탁월한 면모를 지니고 있었다는 평가다.

태종의 배려로 김춘추는 당나라의 유교 행사 등을 참관했다. 언뜻 김춘추의 행보는 한가해 보였다. 그뿐만이 아니었다. 당시

공자의 신위(神位).

당에는 수많은 신라 유학생들이 있었는데 김춘추는 무엇보다 이들을 만나고 다니는 데 열심이었다. 유학생들에게 당의 정세를 듣고 분석하기 위한 의도였다. 김춘추는 결코 서두르지 않았다. 초조해진 쪽은 오히려 당 태종이었다. 그는 결국 김춘추를 다시 불렀다.

당 태종: 그대에게 무슨 소원이 있는가?

김춘추: 백제가 군세고 교활하여 침략을 마음대로 하고, 더구나 얼마 전에는 대대적으로 군사를 거느리고 깊이 쳐들어와 수십 성을 함락하고 입조의 길을 막았으니, 만약 흉악한 백제를 없애주지 않으시면 우리는 다 사로잡혀 바다 건너 조공도 할 수 없을 것입니다.

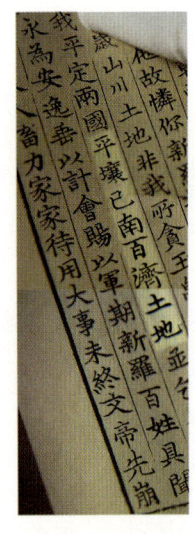

당 태종이 백제와 고구려를 멸망시킨 다음 백제 땅을 신라에게 넘기겠다고 약속했다는 《삼국사기》의 기록.

김춘추의 설명을 들은 당 태종은 나당 군사동맹을 수락했다. 김춘추의 전략이 적중한 것이다. 박순교 박사에 따르면 "당 태종은 삼국의 주변 정치에 대해 전언에 의존하고 있었고 소상한 정보를 알지 못하는 상태였다"고 한다. 그런데 김춘추가 직접 체험한 정보를 들려줌으로써 당 태종과의 협상을 자신이 원하는 방향으로 이끌어갈 수 있었고, 그 결과 국가 대 국가의 대등한 외교 관계가 구축되었다는 것이다. 새롭게 평가할 만한 김춘추의 외교적 자질이었다.

그렇다면 나당동맹의 조건은 무엇이었을까? 직접적인 기록은 전해지지 않는다. 다만 《삼국사기》

문무왕 편에 보면 백제와 고구려를 멸망시킨 다음 당 태종이 백제 땅을 신라에 넘기겠다고 약속했다는 기록이 나온다.

> 내(당 태종)가 양국을 평정하면 평양 이남의 백제 토지는 다 그대 신라에게 주겠다. ―《삼국사기》 문무왕 11년

신라는 이 조건에 만족했을까? 주보돈 교수에 따르면 "신라는 당시 위기를 벗어나기 위해서 온갖 수단과 방법을 동원해 병력을 끌어들이려 했기 때문에 백제 병합만으로 충분히 수락할 만한 상황이었다"고 한다.

치밀한 전략과 심리전으로 나당동맹을 이끌어낸 김춘추는 반드시 백제를 멸망시키겠다는 자신의 열망을 실현할 수 있는 기본 조건을 마침내 갖추게 된 것이다. 경주에서 평양으로, 다시 왜와 서해 건너 당나라의 수도 장안까지, 동아시아를 무대로 김춘추의 외교 행로는 활발하

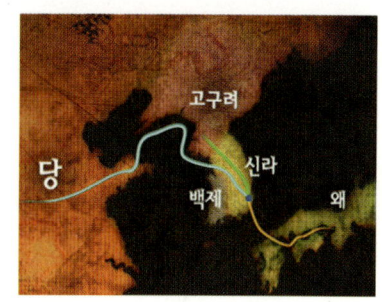

김춘추는 외교를 위해 경주에서 평양으로, 다시 일본을 거쳐 당나라 수도 장안까지 동아시아를 활발히 누비고 다녔다.

게 펼쳐졌다. 이러한 활약으로 김춘추는 마침내 나당동맹을 이끌어낼 수 있었다. 그것은 김춘추 외교의 승리이자 백제를 멸망시키고야 말겠다는 집념의 결과였다.

그러나 나당동맹으로 모든 조건이 갖춰진 것은 아니었다. 외교에서 영원히 아름다운 관계란 없는 법이다. 나당동맹으로 백제를 멸망시킨 김춘추에게 새로운 난관이 기다리고 있었다.

1986년에 발굴한 경주의 용강동 고분.
7세기 중반에서 8세기 초의 것으로 추정되는 토용이 나왔
는데 모두 중국식 옷을 입고 있다.

백제를 멸망시킨 김춘추의 외교력

나당동맹 결성으로 김춘추는 정치적 입지를 완전히 굳혔다. 또한 그
에게는 김유신이라는 걸출한 동지가 있었다. 나당동맹으로 날개를
달게 된 김춘추는 빠른 속도로 신라 사회를 개혁해나갔다. 그 증거가
경주의 용강동(龍江洞) 고분에서 나왔다. 지난 1986년의 발굴 과정에
서 의외의 유물들이 출토되었다. 7세기 후반에서 8세기 초의 것으로

추정되는 토용(土俑), 즉 흙으로 만든 인형이다. 출토된 토용들의 복식은 모두 중국풍이었다.

김춘추는 나당동맹을 맺은 지 1년 만에 당나라의 의관을 전격 수용했다. 《삼국사기》에는 "진덕왕 3년(649) 정월에 처음으로 중국의 의관을 입기 시작하였다"는 기록이 남아 있다.

이는 당과의 관계를 확고히 하려는 김춘추의 치밀한 전략의 결과였다. 윤선태 교수에 따르면 당시 당나라의 의관을 착용하는 것은 "당이 신라를 믿게 하는 굉장히 중요한 절차였다"고 한다. 그런 절차를 통해 당에 신뢰감을 심어줄 수 있었고 신라는 당의 외교적 파트너로서 입지를 굳힐 수 있었다는 설명이다.

654년, 진덕여왕이 후사를 남기지 않고 죽자 김춘추에게 절호의 기회가 찾아왔다. 아직 신라의 실권은 김춘추의 손아귀에 있었다. 신라는 새로운 왕을 결정해야 했다. 신라에는 독특한 화백(和白)회의라는 제도가 있었다. 왕을 추대하거나 폐위하는 일과 같은 국가의 중대사를 결정해야 할 때 진골 귀족들은 당시 신령스러운 곳으로 여겨지던 왕경(王京) 주위에 모여 논의했다. 화백회의는 만장일치로 결정하던 의결기구였다.

김유신.

진덕여왕을 이을 다음 왕을 결정하는 화백회의가 열렸다. 바로 그 중심에 김유신이 있었다. 그는 김춘추를 추대했다. 《삼국유사》는 김유신의 위엄에 아무도 반대하지 못했다고 전한다.

마침내 김춘추는 신라의 왕이 되었다. 신라 제29대 태종무열왕이다. 김춘추가 왕위에 오른 후 백제와 고구려는 불안한 정세를 틈타 끊임없이 신라를 침공했다. 즉위 다음해에는 고구려, 백제, 말갈 연합군까지 침공해왔다. 신라는 큰 위기에 빠졌다. 이미 나당동맹을 성사시킨 후였지만 당나라의 지원병은 오지 않았다. 군사를 청했으나 응답이 없자 김춘추는 큰 근심에 잠겼다고 《삼국사기》는 전한다. 백제를 멸망시키겠다던 그의 열망은 허무하게 꺼지는 듯했다.

그때 낭보가 날아들었다. 드디어 660년, 당의 소정방(蘇定方·595~667)이 13만 대군을 이끌고 산둥반도에서 황해를 건너 출정한 것이다. 당나라와 신라의 대군은 동서로 백제를 압박해 들어갔다. 당나라군은 백마강(白馬江) 북안에 상륙하고, 신라군은 탄현(炭峴)을 넘어 황산으로 밀려왔다. 이에 맞서 백제의 장군 계백(階伯)도 결사대 5000명을 거느리고 황산의 험한 곳을 택해 진을 쳤다. 그때 계백은 백제의 위태로움을 미리 알아차리고 출전에 앞서 "살아서 적의 노비가 되느니 차라리 죽는 게 낫다"며 처자를 모두 죽이고 싸움에 임했다고 전해진다. 계백은 김유신이 이끄는 신라군 5만 명의 치열한 공격을 번

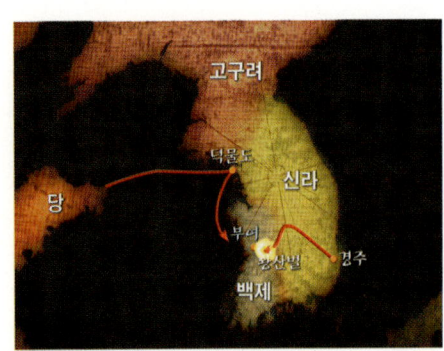

당나라와 신라의 백제 침략. 소정방이 이끄는 당나라군과 김유신이 이끄는 신라군이 동시에 백제를 압박해 들어가자 백제는 얼마 못 가 항복했다.

번히 막아냈지만, 완전히 백제 땅 밖으로 몰아내기에는 역부족이었다. 결국 계백은 전투에서 숨을 거두었고 황산벌 전투는 백제의 참패로 끝났다. 그리고 마침내 660년 7월 18일, 백제 의자왕이 항복했다. 그로부터 보름 후, 태종무열왕 김춘추가 사비성에 입

성했다. 김춘추는 소정방과 함께 높은 곳에 앉았다. 그리고 의자왕과 그의 아들 융(隆)을 마루 아래 앉혀서 술을 따르게 했다. 승자의 쾌감을 만끽하는 순간이었다. 반드시 백제를 멸망시키겠다던 맹세와 복수를 이뤄낸 성취감에 젖는 순간이기도 했다.

어쩌면 그 순간, 김춘추의 뇌리에 대야성에서 죽은 딸과 사위의 모습이 떠올랐을지도 모른다. 김춘추의 복수는 철저했다. 대야성에서 백제와 내통했던 검일의 사지를 찢어 강물에 던졌다. 나중에 문무왕이 되는 맏아들 법민(法敏 · ?~681)도 복수에 가세했다. 그는 의자왕의 태자인 융의 얼굴에 침을 뱉으며 말했다.

> 예전에 너희 아비가 내 누이를 죽여 옥중에 묻어둔 적이 있다.
>
> 그 일로 20년 동안이나 마음이 아팠는데
>
> 오늘 네 목숨이 내 손안에 있구나.
>
> ─《삼국사기》

그러나 백제를 멸망시킨 기쁨도 잠시, 당이 야욕을 드러내기 시작했다. 부여 정림사지 5층석탑(국보 제9호)에는 소정방이 새긴 글귀가 남아 있다.

大唐平百濟國碑銘   대당평백제국비명

당나라가 백제를 멸망시킨 것을 기념한다는 뜻이다. 당은 의자왕과 함께 1만 2000여 명의 백제 백성을 포로로 끌고 갔다. 그리고 백

정림사지 5층석탑.
당나라가 백제를 멸망시킨 것을 기념한다는 소정방의 글씨가 새겨져 있다.

제에 5도독부를 설치, 직접 통치에 나섰다.

결국 백제와의 싸움에서 신라와 김춘추가 얻은 것은 없었다. 심지어 당은 사비의 언덕에 주둔하면서 신라까지 공격할 계획까지 세우고 있었다.

당은 백제나 고구려보다 훨씬 강한 세력이었다. 그리고 이민족이었다. 노태돈 교수는 당시 신라 입장에서는 "당나라가 나중에 어떻게 행동할지 심각하게 고민하지 않을 수 없는, 그야말로 늑대를 몰아내려다 호랑이를 불러들인 격이 아닌가" 하는 회의를 품을 만한 상황이었다고 설명한다.

모든 것이 불확실했다. 백제는 멸망시켰지만 당은 신라까지 넘보고

있었다. 그 와중에 김춘추는
죽음을 맞이한다. 《삼국사기》
는 "왕이 돌아가셨다"라고만
기록하고 있다. 661년, 백제를
멸망시킨 지 1년 만이었다.

무열왕릉.

외교 지략가 vs 사대주의자

김춘추에게 당나라는 어떤 의미였을까? 백제를 제압하기 위해 꼭 필
요했지만, 또 한편으로는 목의 가시 같은 존재가 아니었을까? 결국
김춘추는 백제 멸망 이후 당나라의 야욕을 극복하지 못한 상태에서
죽음을 맞이한 셈이다. 김춘추가 죽은 후 그의 아들 문무왕은 여세를
몰아 고구려까지 멸망시키고 통일시대를 열어간다.

그런데 오늘날 김춘추에 대한 평가는 상당히 엇갈린다. 신라의 입
장에서 최선을 다한 외교 지략가인가, 아니면 외세를 끌어들인 사대
주의자인가? 이 물음에 대한 대답은 간단치 않을 것이다. 그러나 한
가지 확실한 것은 있다. 불안정한 국내 정치 상황을 외교력으로 돌파
하려 한 그의 선택이 주효했다는 것이다. 백제를 제압하려던 그의 열
망도 실현되었다. 적잖은 논란에도 불구하고 김춘추는 외교로 역사를
움직인 탁월한 외교가이자, 비주류로 왕위까지 오른 풍운아였다.

한국사

傳

2

6

여름이 되면 일본의 섬 쓰시마에서 축제가 열린다.

'아리랑 마쓰리'라고 불리는 이 축제는

조선통신사가 오갔던 영광의 역사를 기념하기 위한 것이다.

400년 전 쓰시마를 지나 일본 본토로 들어간 첫 번째 통신사는

돌아오는 길에도 이 섬에 들렀다.

그때 통신사는 일본에서 포로로 잡혀 있던 한 조선 선비를 데리고 왔다.

조완벽이라는 이름의 선비.

베트남까지 끌려갔던 선비가 마침내 고향으로 돌아왔다.

베트남을 찾은
최초의 한국인
─조완벽

지금으로부터 약 400년 전인 1607년,

조선통신사와 함께 조선 선비 조완벽(趙完璧)이 일본에서 돌아왔다.

한 사람의 삶에는 그가 살았던 시대가 그대로 반영되어 있다.

조완벽의 삶은 400년 전 조선이 겪은

치욕과 영광의 역사를 고스란히 담고 있다.

그 이름조차 낯선 인물, 조완벽.

사실 이 선비의 삶은 우리에게 아주 익숙한 기록 속에 숨겨져 있었다.

왜군의 포로가 된 진주 선비

서울시 종로구 낙산공원 한켠에 조그
만 초가가 있다. 비바람만 막겠다는
의미의 비우당(庇雨堂)은 조선시대 실
학자 지봉 이수광(李晬光 · 1563～1628)
이 머물던 곳이다. 이수광은 우리나라
최초의 백과사전식 저술인 《지봉유설
芝峯類說》과 시문집인 《지봉집芝峯集》을
펴낸 실학의 선구자다. 1612년경 이수
광은 우연히 '조완벽'이라는 선비의

비우당 옛터.

이야기를 전해 듣고 비우당에서 그의 일생을 글로 남기게 된다.

조완벽은 진주의 선비였다. 선비의 풍류를 간직한 천년고도 진주
는 예로부터 영호남의 관문으로 군사적 요충지였다.

진주의 비극이 시작된 것은 1592년. 바다를 건너온 왜적은 전라도
를 차지하기 위해 전라도로 향하는 관문인 진주성을 공격해왔다. 당

시 진주성을 지키고 있던 김시민(金時敏 · 1544~1592)은 3800여 명의 군대를 이끌고 적장 하세가와 슈이치(長谷川秀一)가 이끄는 2만의 군대를 상대로 승리를 거두었다. 이듬해 전열을 정비한 일본군은 대규모 화력을 총동원해서 다시 진주를 덮쳤다. 결국 열흘간의 치열한 전투 끝에 진주성은 적군 앞에 무릎을 꿇고 말았다.

한편 전쟁의 소용돌이 속에서 성장기를 보낸 진주 선비 조완벽은 다행히 살아남아 1597년에 스무 살을 맞았다. 그는 글과 춤을 즐기는 진주 선비의 한 사람으로 성장했다. 그의 인생에 불행이 찾아온 것도 그즈음이었다.

선조 30년인 1597년에 일본의 두 번째 침입으로 정유재란(丁酉再亂)이 발발했다.

임진왜란 초기만 해도 조선은 연전연패하면서 도망치기 바빴지만, 이내 전열을 가다듬고 일본군에 팽팽히 맞서면서 양국 간의 화의를 위한 협상 테이블이 마련되었다. 그러나 몇 년에 걸쳐 화의 조건을 두고 일본과 조선의 지루한 줄다리기가 이어지다 협상은 결국 결렬

임진왜란 때
지휘본부로 사용하던
진주의 촉석루.

시마즈 요시히로가 머물렀던 선진리왜성.

되고 말았다. 그 후 도요토미 히데요시가 14만 대군을 이끌고 다시 바다를 건너온 것이 정유재란의 시작이었다.

섬진강을 노리고 진주로 들어온 왜장은 시마즈 요시히로(島津義弘· 1535~1619). 명나라 병사들이 귀신장군이라고 불렀던 인물이다. 시마즈의 병사들은 진주 일대를 뒤지며 도적질을 일삼았다. 진주 선비 조완벽도 시마즈군의 손아귀를 벗어나지 못했다. 결국 조완벽은 스무 살의 나이에 왜군의 포로 신세가 되었다.

진주 지역으로 들어오는 바다 사천만(泗川灣)은 시마즈 요시히로의 선진리왜성이 있던 곳이다. 삼면이 바다로 둘러싸인 수륙 요새 선진리왜성은 일본군의 전략적 거점이었다. 시마즈 요시히로는 선진리왜성을 중심으로 남해안에 강력한 요새를 구축했다.

조선과 명나라 연합군은 사천 선진리왜성의 왜적을 몰아내기 위해

왜장 시마즈 요시히로가 사천성 전투에서 패배한 조명 연합군 군사들의 목을 베어 쌓아둔 조명군총. 경상남도기념물 제80호.

성주에서 고령을 거쳐 1598년 9월 18일 진주로 향했다. 명나라 장수 동일원과 경상우도 병마절도사였던 정기룡(鄭起龍)은 약 3만의 병력을 이끌고 9월 19일 진주에서부터 차례로 왜군을 무찌르면서 승전을 거듭했다.

10월 1일, 선진리에서 왜군과 치열한 전투가 벌어졌다. 연합군은 불량기포와 벽력포 등으로 집중사격을 한 다음 돌격을 감행했다. 그런데 이때 뜻밖의 사고가 발생했다. 명군의 포진에서 불량기포가 오발하여 폭발한 것이다. 시마즈는 조명 연합군이 우왕좌왕하는 틈을 타 맹공격을 퍼부었다. 결국 시마즈 요시히로의 유인작전에 말려든 1598년 10월 1일의 사천성 전투는 반나절 만에 끝이 났다.

수많은 아군이 희생되었다. 《선조실록》에 의하면 당시 전사한 조선과 명나라 병사가 7000∼8000명에 달했다고 한다. 시마즈는 본국에

3만 8716명의 목을 벴다고 보고한 후 목들을 성 구석에 쌓아올렸다. 이것이 이른바 조명군총(朝明軍塚)이다. 그 후 노량에서 이순신에게 패하기 전까지 사천만은 시마즈 요시히로의 바다였다.

국립진주박물관의 이상훈 학예연구사는 "결국 사천만을 통해 일본 군은 안전하게 철수할 수 있었고, 조선의 포로들과 정유재란 때 지리 산을 중심으로 약탈된 많은 물자들이 일본으로 빠져나갔다"고 설명 한다. 사천만을 통해 일본으로 끌려간 조선인 포로들 중에 조완벽도 있었다.

일본으로 끌려갈 때 포로들의 심정이 어땠을까? 임진왜란 당시 일 본으로 끌려갔다가 탈출한 유학자이자 의병장 강항(姜沆 · 1567~1618) 이 배를 타고 가는 동안 그 비참한 심경을 기록해둔 것이 남아 전한다.

전라도 무안현의 한 모퉁이로 끌려갔는데, 그곳에는 적선 육칠백 척이 수 리에 걸쳐서 가득 차 있었고, 이 배 저 배에서 우리나라 남녀가 부르짖어 우 는 소리가 바다와 산을 진동하였다. ―《간양록看羊錄》

조완벽도 고향 앞바다에서 일본군의 배에 실렸다. 발밑으로는 한 치 앞도 내다볼 수 없는 바다가 일렁이고 있었다.

임진왜란과 정유재란의 7년 전쟁을 통해 일본으로 끌려간 조선인 의 수는 무려 10만여 명으로 추정되고 있다. 그 끝없는 포로의 행렬 속에 공포, 두려움, 절망의 소리로 가득 찬 배를 타고 바다 건너로 끌려간 조완벽. 적국의 땅 일본에서는 어떤 삶이 그를 기다리고 있 었을까?

가고시마 현에 세워진 시마즈 요시히로의 동상.

왜인의 노예로 전락하다

과거 사쓰마로 불렸던 규슈의 남쪽 가고시마 현. 많은 조선인 포로를
끌고 갔던 시마즈 요시히로는 사쓰마 번의 17대 번주(藩主)였다. 전쟁
이 끝난 후 사쓰마로 끌려간 전이생(全以生)이라는 포로가 조선으로
비밀 편지를 보낸 것이 《광해군일기》에 남아 전한다.

저희들은 고향을 떠나고 부모와 헤어진 채 지금까지 죽지 않고 있으면서
날마다 고국에서 좋은 소식이 있기만을 기다려왔습니다. 사쓰마 주에는 포
로로 잡혀온 사람이 총 3만 700명 있는데 이들은 모두 본국으로 살아 돌아
가기만을 기다리고 있습니다.

그러나 포로들은 살아 돌아갈 수 없었고, 그 후손들은 아직도 가고시마에 살고 있다. 심수관(沈壽官) 씨는 1598년 정유재란 당시 전북 남원에서 끌려간 도공 심당길(沈當吉)의 14대손이다. 조선인 도공들은 도자기를 빚는 조건으로 조선인만의 마을을 만들었다. 자식이

정유재란 때 일본으로 끌려간 심당길의 14대손인 심수관 씨.

태어날 때마다 그들은 조선식으로 아이들을 키웠고, 100년 전까지만 해도 조선인 후예들이 살던 마을에서는 조선의 말과 글을 썼다.

심수관 가에는 400년을 전해 내려오는 가보가 있다. 바로 심당길이 썼던 망건이다. 심수관 씨가 보여준 망건은 400년 세월이 흘러 많이 헤진 상태였다. 심수관 씨가 사는 마을에는 '망향의 언덕'이라 불리는 곳이 몇 군데 있다. 심수관 씨는 일본에 붙잡혀온 조상들이 "막연히 바다 건너 한국이 있다는 생각을 하며 마을 곳곳에 있는 망

400년 전 심당길이 썼던 망건.

향의 언덕에 올라 대대로 간직하던 망건을 꺼내 쓰고 고향의 부모를 향해 절을 했을 것"이라고 전한다. 고향땅에 대한 그리움이 절절히 느껴지는 대목이다.

그나마 도공들은 대우가 나은 편이었다. 탈출에 성공한 정희득(鄭希得·1575~1640)이 기록한 당시 조선인 포로들의 상황을 보면 왜병들의 학대가 얼마나 끔찍했는지 상상이 간다.

최덕양이 염병으로 죽었는데 왜놈들이 다투어 칼을 시험한다며 시체를 갈라놓았다. 담양 출신 이승상은 어린 자식이 일본인의 칼에 죽는 것을 목도했으며 자신은 왜인의 외양간과 땔나무 머슴을 하고 있다. 양돌만은 사람들을 모아 배를 훔쳐 도망갔으나 뒤쫓는 왜인에게 잡혀 배 안의 사람의 거의 반이나 베어죽임을 당했다. ─《월봉해상록月峰海上錄》

조완벽도 다르지 않았다. 《지봉집》의 〈조완벽전〉에 따르면 그 역시 왜인의 종노릇을 해야 했고, 그 생활은 심히 고달팠다. 늘 고향땅을 그리워하는 나날이었다. 그 고통에서 벗어나는 길은 도망쳐서 고향으로 돌아가는 것뿐이었다.

상인에게 팔려 베트남으로 가다

가고시마 항은 일본 최남단의 항구로 일찍부터 서양인들이 드나들던 일본의 창(窓)과 같은 곳이었다. 임진왜란 이후 대륙으로 향하는 길이 막히자 시마즈는 남방 무역에 뛰어들었다. 가고시마는 해외로 떠나는 배와 상인들로 북적이는 국제 무역도시로 변모해갔다. 가고시마 현 역사자료센터에 근무하는 도쿠나가 가즈노부 씨에 따르면 "시마즈의 배후에는 교토의 상인들이 있었고, 가고시마로 들어온 해외 물자는 교토의 상인을 통해 교토와 오사카 등지로 흘러 들어갔다"고 한다. 시마즈가 해외무역을 독점하기에는 벅찼다는 설명이다.

일본의 창 역할을 했던 일본 최남단의 가고시마 항.

그때 조완벽 앞에 새로운 운명이 찾아왔다. 교토의 상인에게 팔려 가게 된 것이다. 교토에는 400년의 역사를 지닌 센코지(千光寺)라는 사찰이 있다. 토목사업으로 큰돈을 벌었던 전설적인 상인 스미노쿠라 료이(角倉了以)가 세운 것인데, 그가 바로 조완벽을 교토로 데려간 상인이다. 임진왜란 이후 스미노쿠라는 해외 무역에 뛰어들었고, 그의 배는 필리핀과 베트남을 향해 바다를 건넜다.

센코지의 오바야시 도추 주지스님은 스미노쿠라 료이에 대해 "교토의 주요 운하를 만든 장본인으로 직물사업뿐만 아니라 오늘날로 치면 금융업에도 관여했다"고 설명한다. 일본 국내에서 다각적인 사업을 펼치고 있었기에 해외무역을 새롭게 시작할 수 있는 사람은 교토에서 스미노쿠라밖에 없었다는 것이다.

효해문자(曉解文子), 즉 문자에 능통하다는 이유로 스미노쿠라는 노

교토의 전설적인 상인 스미노쿠라 료이가 세운 사찰 센코지.

센코지의 한 법당에 절을 세운
스미노쿠라 료이를 모셔놓았다.

예 조완벽을 배에 실었다. 스미노쿠라에겐 당시의 국제어였던 한문을 자유로이 구사하는 조완벽이 필요했다. 탈출만을 꿈꾸며 고된 노예생활을 하던 조완벽은 일본의 무역 상인에게 팔려서 또다시 미지의 세계로 끌려갔다. 그는 장사치의 노예로 전락했고, 고향땅은 더욱 멀어져갔다.

조완벽은 1604년부터 안남국(安南國), 즉 베트남을 세 차례 방문하는데, 기록에 의하면 그가 베트남을 찾은 최초의 우리나라 사람이었다.

스미노쿠라 무역선도. 일본국보.

> 베트남은 바닷길로 3만 7천 리이다. 사쓰마에서 배를 타고 바다를 나가 중
> 국의 장주와 광동 등을 지나면 베트남에 도착한다. ─이수광, 〈조완벽전〉

　세계는 이미 대항해 시대였다. 베트남에서는 유럽인과 중국인, 일
본인이 드나드는 국제시장이 펼쳐졌다. 조완벽이 바다 건너 도착한
곳은 지금의 하노이 부근 바닷가였다.

　조완벽이 도착했을 무렵 베트남에는 유교문화가 꽃피고 있었다. 베
트남의 유교 교육기관이었던 국자감은 공자를 모시는 문묘이기도 했
다. 당시 공자의 사상은 베트남의 통치이념이었고, 한자는 베트남의
공식 문자였다. 국자감의 학생들은 유교경전으로 공부했고, 과거를
통해 관리가 되고자 했다. 베트남은 조선 못지않은 유교사회였다. 베
트남 관리들은 유교의 본고장에서 온 조선 선비 조완벽을 주목했다.

베트남으로 끌려간 조완벽은 지금의 하노이 부근 바닷가에 도착한다.

조완벽은 베트남의 한 지방장관의 집에 초청받아 갔는데 고관 수십 명이 열을 지어 앉아 있었다. 그들은 그가 조선인이라는 말을 듣고 후하게 대하며 술과 음식을 접대하였고, 포로로 잡힌 사정을 듣고 왜놈이 귀국을 침범한 사실을 들은 적이 있다며 동정해주었다. 그러고 나서 한 권의 책을 보여주면서 이것이 귀국의 '지봉 이수광'의 시라며, 당신이 고려사람이니 지봉이수광을 알 것이라고 말했다. 그러나 완벽은 지방 출신으로 어린 나이에 포로로 잡혀가 잘 모른다고 대답하니 모든 사람들이 이를 의아하게 여겼다. 조완벽이 그 책의 내용을 보니 고금의 명시 수백 편을 실었는데 그 가운데 이수광의 시가 첫머리에 있었고 모두 붉은 묵으로 비점이 쳐져 있었으며 그들이 상찬해 마지않았다. ─〈조완벽전〉

베트남의 유교 교육기관이었던 국자감.

베트남에서 접한 이수광의 시

베트남에서 지내던 조완벽은 어느 날 우연히 학교에서 많은 학생들이 이수광의 시를 유행가처럼 외우는 것을 목격하게 된다. 이들이 어떻게 이수광의 시를 알게 된 걸까?

하노이 근교에 풍씨들의 집성촌(lang bung)이 있다. 풍씨들은 이 마을이 배출한 가장 위대한 한 선조를 마을 수호신으로 모시고 있다. 베트남에서 학문의 신으로 불리는 이 사당의 주인공이 바로 베트남에 이수광의 시를 소개한 인물, 400년 전의 대문장가 풍극관(馮克寬·1528~1613)이다.

사당에는 풍극관의 초상화가 걸려 있다. 풍극관의 21대손인 풍칵

베트남에 이수광의 시를 소개했던 베트남의 대문장가 풍극관.

성 씨에 따르면 "풍극관이 70세가 되던 해인 1597년 명나라를 방문했는데, 그때 명나라 황제가 화원들에게 초상화를 그리게 해서 돌아올 때 선물로 준 것"이라고 한다.

그렇다면 풍극관이란 사람은 이수광의 시를 어떻게 알게 되었을까? 1597년 이수광은 사신으로 명나라 연경을 다녀온 적이 있었다. 명나라 황실이 불에 타자, 그 일을 위문하기 위한 진위사(陳慰使)로 파견된 것이다. 이수광 일행은 50여 일간 옥하관(玉河館)에 머물렀는데, 그곳에는 월남에서 1년을 걸어왔다는 사신 23명이 먼저 머물고 있었다. 그 사신단의 우두머리가 바로 풍극관이었다. 연경에서 만난 두 나라의 사신은 서른다섯 살의 나이 차이도 잊은 채 서로 시문을 주고받으며 어울렸다.

> 이수광: 의관이 다르고 살아온 제도가 다르지만 우리 서로 문자를 통해 글을 함께 나눌 수 있습니다.
>
> 풍극관: 그대와 나 비록 산과 바다 넘어 살고 있으나 같은 성현의 경전을 읽어왔구려.
>
> 이수광: 해외의 귀한 손님 서로 만나보았고 세상에서 못 보던 글 이제야 보았습니다.

풍극관: 그대와 나 번갈아 손님과 주인 되고 동과 남의 아름다움 갖추었으
니 마음대로 칭양하세.

—〈안남사신창화문답록安南使臣唱和問答錄〉

　이수광과 헤어져 떠날 때가 되자 풍극관은 이수광에게 자신의 시
집 서문에 글을 써달라고 부탁하면서, 베트남으로 돌아가면 조선과
이수광이라는 이름을 널리 알리겠다고 약속했다. 그로부터 7년 후,
풍극관의 약속대로 베트남에서는 이수광의 시가 널리 퍼졌다. 그 모
습을 일본인에게 끌려 베트남까지 갔던 27세의 청년 조완벽이 목격
한 것이다.

　조선과 베트남은 같은 유교 문화권이었고, 또 자국 문화에 대한 자
긍심이 높다는 점에서 서로 닮은 나라였다. 조선과 베트남의 사신들
이 중국에서 만나면 서로 시문을 주고받으며 우정을 돈독히 했다는
기록이 많이 남아 있다. 그중 1597년 이수광과 풍극관이 나눈 시문이
당시 베트남에서 큰 반향을 일으켰던 것이다.

　조완벽의 베트남 체험에 관해서는 이수광뿐 아니라 안정복(安鼎福·
1712~1791)과 이익(李瀷·1681~1763), 이덕무(李德懋·1741~1793) 같은
실학자들도 상세히 기록하고 있다. 그리고 당시 동남아시아 무역의
실상과 베트남에 대한 다양한 정보를 알 수 있다는 점에서 일찍부터
일본 학자들은 조완벽의 이야기에 주목했다. 그렇다면 조완벽의 삶
은 조선에 어떻게 알려지게 된 걸까? 그것은 그가 기적적으로 고국
에 돌아왔기 때문이다.

400년 전 쓰시마를 지났던 조선통신사를 기념한 축제.

10년 만에 돌아온 고향

2007년 8월 5일, 쓰시마에서 큰 축제가 열렸다. 쓰시마를 지나갔던 조

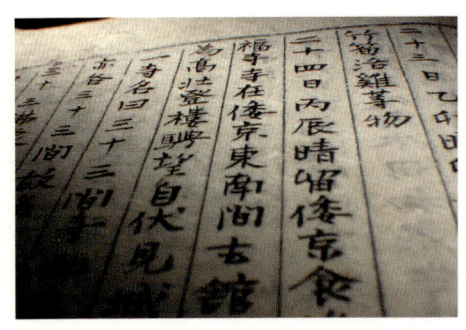

쇄환사의 일행이었던 칠송 경섬이 쇄환사의 행적을
기록한 《해사록》.

선통신사의 역사를 기억하는 축제다. 정확히 400년 전 이 섬을 지나갔던 첫 번째 통신사의 정식 명칭은 쇄환사(刷還使)였다. 쇄환이란 끌려간 동포를 샅샅이 뒤져 데리고 돌아온다는 뜻이다. 1607년의 쇄환사는 임란 포로를 데려

오려는 조선 정부의 강한 의지의 표출이었다.

전쟁이 끝난 지 채 10년이 지나지 않은 바닷길. 적국의 한가운데로 쇄환사 504명이 임무를 수행하기 위해 건너갔다. 400년 전 쇄환사의 임무는 목숨을 걸어야 할 만큼 위험한 일이었다. 쇄환사 일행 504명 가운데 부사였던 칠송(七松) 경섬(慶暹 · 1562~1620)은 한양을 떠난 날부터 귀국하는 날까지 7개월간 하루도 빠짐없이 쇄환사의 행적을 《해사록海槎錄》에 기록했다.

《해사록》에 따르면 1607년 6월 11일, 쓰시마를 거쳐 에도성에 도착한 쇄환사는 먼저 일본 막부에 조선 정부의 국서를 건넸다.

> 두 나라가 새로 화친을 맺으려 하는 지금, 사로잡힌 남녀들을 모두 돌려보내주어야 전대의 잘못을 고치는 것이다. 속히 명령을 내려 즉시 쇄환하되 한 사람의 남녀도 빠뜨리지 않아야 앞으로 두 나라의 교제가 순조롭게 진행될 것이다. —《해사록》1월 12일

조선과의 국교 재개를 원하던 막부정권은 쇄환사의 업무에 협력하겠다고 약속했다. 그러나 그것은 진심이 아니었다. 《해사록》의 기록들이 당시 일본의 뻔뻔스런 거짓말을 적나라하게 전해준다. 쇄환사가 오사카의 점포(店浦)라는 바닷길을 지날 때였다. 어떤 남자 하나가 포구의 갈대밭 속에서 달려 나와 "나는 조선 사람이오. 배에 태워주시오"라고 애원하자, 쇄환사 일행이 배를 멈추어 태워줬다. 배에 탄 조선인은 주인인 왜인이 놓아주려 하지 않아서 도망쳐와 행차를 기다리며 숨어 있었다고 증언했다. 쇄환사 일행은 갈대밭에 숨어 있다

가 나타나 살려달라고 부르짖는 남녀 수십 명도 모두 배에 오르게 했다. 또 한 여인은 몸을 빼서 달려왔는데 그의 남편인 왜인이 칼을 어루만지며 맞서 놓아주려 하지 않았다. 그리고 또 다른 여인은 남편이 놓아 보내려 하지 않자 사신의 행차를 구경만 하겠다고 속이고 일행이 지나갈 때 군관들의 호위행렬 속으로 뛰어들었다.

이처럼 도처에서 가로막는 일본인들을 뚫고 조선인 포로들이 목숨을 걸고 쇄환사 행렬로 뛰어들었다. 포로를 옮기고 숨겨놓는 일본의 태도를 보며 쇄환사들은 분통함에 치를 떨었다.

1607년 6월, 쇄환사의 포로 구출 작전은 교토에서 새로운 국면을 맞이한다. 숙소를 찾아온 은진(恩津) 출신의 선비 김진생. 그는 멀리 사쓰마에서 처자를 버리고 죽음을 무릅쓰고 쇄환사를 찾아왔다고 했다. 김진생은 쇄환사 앞에 조선인들이 보낸 편지를 꺼내놓았다. 사쓰마에 포로로 잡혀 있는 조선인들이 구출되기를 갈망한다는 사연이었다. 그리고 교토의 숙소로 또 한 사람의 선비가 찾아왔다. 베트남과 일본을 오가며 노예생활을 하던 조완벽이었다.

> 윤달 6월 1일 큰비. 왜경에 머물렀다. 숙소로 찾아온 진주 선비 조완벽은 영리하여 믿을 만한 사람이었다. 유문 한 통을 주어 널리 포로들을 불러 모아 쇄환하게 하였다. —《해사록》 윤달 6월 1일

유문은 쇄환사가 왔다는 포고문이자, 쇄환사를 대신하여 포로를 구출할 수 있는 위임장이었다. 일본으로 끌려온 지 10년이 지난 선비들은 현지 사정에 밝았다. 이들은 쇄환사의 임무를 위탁받고 일본 전

역으로 다시 흩어졌다.

전북대학교 박물관의 홍성덕 학예연구사는 "쇄환사가 가져간 유문들은 한자로 쓰여 있었기 때문에 고국으로 돌아갈 수 있다는 정보를 접할 수 있었던 것은 당시의 선비들뿐이었을 것"이라고 추정한다. 그래서 정보를 접한 선비들이 일반 백성들을 고국으로 송환하기 위해 적극적으로 노력했다는 것이다. 선비들이 조선 포로들의 고국 송환에 적극 나선 이유는 기본적으로 조선시대 선비들이 가지고 있었던 임진왜란에 대한 책임감, 결국 국가의 상층부에서 국가를 제대로 간수하지 못했기에 임진왜란이 일어났고, 그 전쟁으로 백성들이 피해를 입었다는 인식을 갖고 있었기 때문이다.

조선 정부의 의지는 곧 선비들의 의지였다. 유교이념에 따라 교육받은 조선 선비들에게 백성은 하늘이자 근본이었다. 조완벽도 그 의무에 동참했다. 일본인들의 위협을 뚫고 조선인 포로를 구출하는 일에 기꺼이 나선 것이다.

1607년 윤6월, 선비들의 도움으로 포로 송환 임무를 마친 경섬은 여섯 달 만에 쓰시마로 돌아왔다.

> 포로의 몸으로 일본 각지에 흩어져 있는 자가 그 수를 헤아릴 수 없다. 그러나 일본인 주인들이 앞을 다투어 서로 숨기려 하니 도저히 어찌할 수가 없다. 되돌아오는 포로를 점검해보니 남녀를 합쳐 겨우 1418명에 불과했다.
>
> —《해사록》 윤6월 26일

그 1418명 가운데 조완벽도 끼어 있었다. 배에서 내려 한달음에 달

조완벽의 묘.

려간 고향. 한시도 잊은 적이 없는 고향 진주에서는 가족들이 그를 기다리고 있었다. 조완벽은 10년 만에 어머니에게 큰 절을 올렸다. 그 후 조완벽은 노모를 모시고 처와 함께 별 탈 없이 살았다고 한다.

조선 선비, 우정의 증인이 되다

그로부터 400년이 지났다. 2004년, 국립진주박물관에 이 지역 명문가에서 보관 중이던 자료 한 점이 기증되었다. 1634년에 작성된 진주 향안(鄕案)이었다. 향촌 사회의 자치규약과 명망가들의 이름을 적어 놓은 향안에 포로 출신의 선비 이름이 실려 있다. 왜란과 호란 이후 복구작업이 한창이던 시절의 이 기록은 귀국 후 조완벽의 행적을 상세히 보여준다.

국립진주박물관의 이상훈 학예연구사는 향안에 조완벽의 이름이 등재된 것으로 보아 "진주로 돌아온 뒤 조완벽은 이곳의 선비로서, 그리고 지방의 유력자로서 전후 복구 활동에 많은 역할을 했을 것"이라고 추측했다.

조완벽. 그는 1597년 스무 살의 나이로 왜의 포로가 되었다. 한자

에 능통하다는 이유로 일본의
무역 상인에게 팔려간 뒤, 세 차
례 베트남을 오갔고 베트남에서
이수광의 시를 접했다. 1607년
조선 정부의 포로 구출 작전으
로 고국으로 돌아와 전후 복구
사업에 매진했고 마침내 고향땅
의 흙으로 돌아갔다.

향촌 사회의 자치규약과 명망가들의 이름을 적어놓은 진주 향안에 조완벽의 이름이 적혀 있다. 귀국 후 조완벽의 행적을 보여준다.

　임진왜란 이후 첫 번째 통신사인 쇄환사가 1418명의 조선인 포로를 구해온 다음에도 조선 정부는 포로 구출의 노력을 아끼지 않았다. 1625년까지 두 차례 더 쇄환사를 파견했고, 일본인들이 숨겨놓은 포로 7500명을 찾아내 고국으로 데려올 수 있었다.

　조완벽의 삶은 400년 전 전쟁의 비극을 말해주는 한편, 베트남과 조선이 나눈 따뜻한 우정의 역사, 그리고 일본에 끌려간 자국민을 한 사람도 남김 없이 데려오려 했던 조선 정부의 치열한 노력을 우리에게 전해주고 있다.

경기도 화성에 있는 용주사.

이곳 대웅보전에는 특별한 불화 한 점이 걸려 있다.

1790년에 그려진 후불탱화.

그런데 불화 속 인물들은 전통 불화에서는

볼 수 없는 명암법으로 표현돼 있다.

일반 불화와는 달리 인물을 서양화법으로 그려 숱한 논란을 낳았던 작품.

이 불화를 그린 사람이 바로 단원 김홍도다.

그는 어떻게 서양화법을 구사할 독특한 불화를 그리게 된 것일까?

조선의 르네상스를
주도한 화가
— 단원 김홍도

단원 김홍도(金弘道 · 1745~1806?),
우리는 그를 조선시대 최고의 풍속화가로 기억한다.
씨름, 서당, 우물가 등 서민들의 삶을 생생하게 묘사한
그의 그림들은 우리에게도 매우 친숙하다.
그런 그가 불화를 그렸다는 사실,
그것도 서양화법으로 그렸다는 사실이 무척 흥미롭다.
어떻게 이런 일이 가능했던 것일까?

스물아홉, 어용화사로 뽑히다

중인 출신의 미천한 신분이었던 김
홍도는 일개 화원에 불과했지만, 조
선시대 여느 양반 못지않게 그에 관
한 기록들이 많이 남아 있다. 현재
전하는 그림만 300점이 넘는데, 당
시 김홍도의 유명세를 짐작할 수 있
는 대목이다. 그렇다면 김홍도는 처
음 어떻게 그림을 접하게 됐을까?

경기도 안산시에서는 건물 외벽
에 그려진 단원 김홍도의 그림을 쉽
게 만날 수 있다. 지난 2001년에 조
성된 단원조각공원에는 김홍도의
풍속화를 조형물로 만들어 전시해
놓기도 했다. 또 매년 10월이면 단

경기도 안산시의 한 아파트 건물 외벽에 그려
진 단원 김홍도의 그림.

안산시의 단원조각공원.

김홍도의 스승이었던 표암 강세황의 자화상.

원미술제가 열린다. 안산과 김홍도는 어떤 관련이 있을까?

표암 강세황(姜世晃·1713~1791)이 쓴《표암유고豹菴遺稿》단원기에 그 단서가 있다. 기록에 의하면 김홍도가 어린 시절을 보낸 곳이 바로 안산이었다. 김홍도는 젖니를 갈 때부터 강세황의 집을 드나들며 그림을 공부했다. 김홍도의 스승이었던 표암 강세황. 그는 뛰어난 문인화가이자 당대 최고의 평론가였다. 많은 명화에 품평을 남겨, 좋은 그림을 가진 이들이 앞 다퉈 그의 글을 받아가려고 진을 쳤다. 어릴 때부터 단원을 지켜본 강세황은 그를 천부적 재능을 지닌 화가라고 극찬했다.

고금의 화가들은 여러 가지를 다 잘하지는 못하였다. 단원은 못하는 게 없어 그와 대항할 사람이 없었다. ─《표암유고》단원기

이후 김홍도의 행적이 공식적으로 확인되는 것은 스물한 살 때다. 영조의 칠순을 기념해 그린 〈경현당수작도景賢堂受爵圖〉. 그림은 사라지고 글씨만 남았는데 글은 김상복(金相福·1714~1782), 그림은 화원 김홍도가 그렸다고 적혀 있다.

정조는 세손 시절에 영조에게 간청하다시피 해서 이 행사를 열었다. 그리고 행사가 끝난 다음에 행사를 기념하는 그림을 그리도록 발의하고 주관한 건 영의정이었다. 강관식 한성대학교 회화과 교수는

"스물한 살밖에 안 된 김홍도
가 대표로 임금의 칠순을 기
념하는 그림을 그렸다는 것
은 김홍도의 실력이 화원계
에서 최고로 평가받았다는
것을 의미한다"고 설명한다.

조선시대 도화서(圖畵署)는
왕실에 관련된 모든 그림을
그리는 공식기관이었다. 통
상 서른 명 정도의 화원으로
꾸려졌는데 이들은 시험을
통해 선발되어 직업화가로
활동했다. 김홍도는 이미 이
십대 초반에 왕실 전속기관
인 도화서 화원으로 뽑혀 다
양한 그림들을 그렸다.

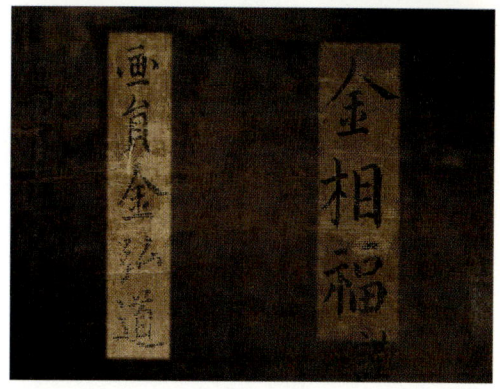

영조 칠순을 기념해 그린 경현당수작도. 그림은 사라지고
글씨만 남았는데, 그림을 김홍도가 그렸다고 적혀 있다.

진준현 서울대박물관 학예연구관에 따르면 "당시 화원들은 초상화
나 일반적인 회화를 비롯해 의궤, 각종 문양, 왕실의 주요 행사 등 그
림에 관한 모든 일을 담당했고, 왕실의 의복이나 가마, 옥좌 뒤에 그
려 넣는 일월오봉도 역시 도화서에서 담당했다"고 한다. 또 가끔 임
금의 특명을 받아 풍속화나 지도를 그리기도 했다.

그중 도화서 화원들의 가장 중요한 업무는 임금의 초상화를 그리
는 일이었다. 김홍도는 불과 스물아홉 살의 나이에 임금의 초상을 그

리는 어용화사(御用畵師)로 뽑혔다. 어진을 그리는 작업에는 여러 화원들이 참여하는데 그중에서도 김홍도는 곤룡포를 입은 왕의 몸체를 그렸다.

어용화사가 된다는 것은 최고의 영예이기도 하지만 그만큼 어려운 작업이었다. 임금의 초상을 그릴 때는 터럭 하나라도 다르게 그려서는 안 된다는 것이 당시의 분위기였다.

터럭 하나라도 다르게 그린다면 이는 화원의 책임이 아니라 나의 불효 탓이다. ―《조선왕조실록》 영조 24년 1월 23일

김홍도가 삼십대 초반에 그린 〈송하맹호도〉(부분).
삼성미술관 리움 소장.

그렇다면 김홍도는 임금의 초상화를 담당할 만큼 초사실적인 그림을 그릴 수 있었을까? 김홍도가 삼십대 초반에 그린 〈송하맹호도松下猛虎圖〉를 보자. 호랑이 몸의 줄무늬와 털이 세밀하게 표현된 것을 확인할 수 있다. 이 그림을 본 유경종(柳慶種 · 1714~1784)은 〈영화호詠畵虎〉에서 "터럭무늬의 호랑이가 마치 살아 있는 듯해 동네 개를 잡아먹을까 걱정될 정도"라고 시를 읊었다.

삼십대 중반, 풍속화로 이름을 날리다

1776년, 정조가 즉위했다. 이와 동시에 정조는 규장각을 건립하고 향후 국정의 중심 축으로 삼고자 했다. 이때 김홍도에게 〈규장각도奎章閣圖〉를 그리게 했고, 그 후에도 많은 그림을 그에게 맡겼다. 정조의 명에 따라 김홍도는 궁궐 외벽에 〈해상군선도海上群仙圖〉라는 대작을 그렸는데, 아쉽게도 이 그림은 전하지 않고 기록만 남아 있다.

> 정조 임금이 〈해상군선도〉를 그릴 것을 명하셨는데 관모를 벗고 옷을 걷어 올린 채 비바람 몰아치듯 붓을 휘둘러 몇 시간 만에 이루어놓았다.
>
> ─ 조희룡(趙熙龍), 〈김홍도전〉

당시 그림의 풍모를 짐작케 하는 여덟 폭의 병풍 그림 〈군선도群仙圖〉가 삼성미술관에 소장되어 있다. 신선들이 동자를 데리고 잔치에 가는 행렬을 그린 것으로, 거친 듯 휘몰아친 필치가 김홍도의 젊은 기백을 느끼게 한다.

김홍도는 대개 도화서에서 그림을 그렸지만 여유가 있을 때는 사가에서 다양한 그림을 그렸다. 서른세 살 때는 중부동 강희언(姜熙

〈군선도〉 일부. 삼성미술관 소장.

김홍도의 〈행려풍속도〉. 국립중앙박물관 소장.

彦 · 1710~1784)의 집에서 동료 화원들과 함께 민간에서 주문받은 그림도 그렸다. 정확한 원근법과 완전한 투시법으로 이름을 날린 강희언은 진경산수화와 풍속화를 특히 잘 그렸는데, 겸재 정선의 옆집에 살면서 그의 화풍에 많은 영향을 받은 것으로 알려져 있다.

김홍도가 당시 그린 그림 가운데 하나가 국립중앙박물관에 소장되어 있는 여덟 폭의 〈행려풍속도行旅風俗圖〉다. 여행길에 만난 농촌 풍경을 해학적으로 표현한 작품이다. 특히

〈행려풍속도〉의 여덟 번째 그림 '홈쳐보기' 편.

여덟 번째 그림 〈훔쳐보기〉 편에는 젊은 여인을 훔쳐보는 양반의 모습을 재미있게 묘사해놓았다.

이 그림을 본 스승 강세황은 "부서진 안장, 야윈 나귀에 행색이 초라하건만 무슨 흥취로 목화 따는 아낙네를 눈여겨보나"라고 읊조렸다.

김홍도는 이런 풍속화들로 이미 삼십대 중반에 이름을 널리 알렸다. 그의 집 앞은 항상 그림을 얻으려는 이들로 넘쳐났다고 기록은 전한다.

> 김홍도의 뛰어난 기량에 감탄을 금치 못하여 그림을 구하려는 자들이 무리를 지었다. 비단이 더미를 이루고 사람들이 문을 메워 잠자고 먹을 시간도 없을 지경이었다. —강세황, 《표암유고》 단원기

단원의 그림이 당시 얼마나 큰 인기를 끌었는지는 조선 후기 실학자 서유구(徐有榘 · 1764~1845)가 지은 농서 《임원경제지林園經濟志》도 증명하고 있다.

婦孺童孩一展卷 無不解頤 近古畵藝家 所未有也
김홍도가 여염의 일상풍속을 그렸는데 부녀자와 어린아이도 한 번 보면 모두 턱이 빠지게 웃으니 고금의 화가 중에 없었던 일이다.

스물아홉 살의 젊은 나이에 임금의 어진을 그려 도화서 화원으로서는 최고 영예인 어용화사가 되었고, 삼십대에는 풍속화로 세상에 이름을 알린 김홍도.
그는 중인 신분으로 드물게 유명세를 타다 보니 여러 가지 의혹 또한 끊이지 않았는데, 그중 하나가 바로 일본으로 건너가 작품 활동을 했다는 것이다.

샤라쿠와 김홍도는 동일인일까?

일본에서 출간된 책, 《또 하나의 샤라쿠》. 저자 이영희는 일본의 유명한 화가 도슈사이 샤라쿠(東洲齊寫樂)가 김홍도와 동일 인물이라 주장한다. 그 근거로 그림의 필선이 비슷하고 샤라쿠가 활동했던 시기에 김홍도의 행적이 불분명한 점을 들었다. 그러나 샤라쿠의 그림과

《또 하나의 샤라쿠》라는 책에서 저자가 김홍도와 동일인물이라 주장한 도슈사이 샤라쿠의 작품들.

김홍도(왼쪽)와
샤라쿠의 그림.

김홍도의 그림을 비교해보면 필치와 기법에서 확연한 차이를 보인다. 또한 김홍도의 당시 행적에도 아무런 공백이 없다.

　진준현 교수는 "소설로서는 재미있는 이야기지만, 사학자들은 그것이 사실이 아니라고 알고 있다"고 일축한다. 왜냐하면 샤라쿠라는 사람은 일본에서도 유명한 가장 일본적인 우키요에(浮世繪) 판화 화가로서 일본 연극배우들의 얼굴을 희화한 판화들을 그렸는데, 아무리 김홍도 같은 천재라도 잠깐 몇 개월 있으면서 배울 수 있는 성격의 그림이 아니라는 것이다.

그런데 김홍도가 한때 그림을 그리기 위해 일본으로 건너갔었다는
또 다른 기록이 전한다.

> 김응환은 무신년(1788)에 금강산을 그려왔다. 이듬해 일본에 가서 몰래 지
> 도를 그리려 했으나 부산에 이르러 병에 걸려 일어나지 못했다. 김홍도가
> 홀로 대마도로 가서 지도를 그려 바쳤다.
>
> — 오세창, 《근역서화징槿域書畵徵》 김씨가보

이 기록에 따르면 김홍도는 1788년에 김응환(金應煥 · 1742~1789)과
함께 금강산에 다녀와서 그림을 완성시키고, 다음해인 1789년에는
대마도에 가서 지도를 그려온 것으로 보인다. 기록은 과연 사실일
까? 당시 이들의 행적을 한 번 따라가 보자.

금강산을 그려오라는 정조의 어명을 받은 김홍도와 김응환은 긴
여정에 올랐다. 이들은 경치가 좋은 곳을 만날 때마다 풍경을 화폭에
담았다. 동행한 김응환은 도화서의 동료 화원이자 스승으로, 김홍도
보다 세 살 더 많았다. 도화서 화원들은 지역을 돌며 지도를 그리기
도 했는데 실제 경관과 부합한 사실적인 묘사를 강조하는 진경산수
화 풍의 회화식 지도가 주를 이뤘다. 당시 금강산에 다녀와 그린 또
다른 그림인 〈증명탑證明塔〉이나 〈구룡연九龍淵〉에서 이 같은 특징이
발견되는데, 사진에 가까울 만큼 필치가 섬세하다.

그림을 그리기 위해 금강산으로 향한 두 사람의 행적을 알 수 있는
기록이 있다. 강릉시 운정동에 있는 해운정(海雲亭)은 당시 강원도를
찾은 유력인사들이 꼭 들르는 장소였다. 강릉시립박물관에는 해운정

김홍도가
금강산에 다녀와서
그린 〈증명탑〉과
〈구룡연〉.

을 다녀간 사람들의 방명록이 남아 있다. 이 방명록 속에 김홍도와 김응환, 두 사람이 "1788년 8월 9일에 스승 화사를 보좌하여 명승지를 돌아보고 그림을 그리러 왔다"는 기록이 있다. 이 내용은 김홍도와 김응환, 두 사람이 금강산에 함께 갔다는, 앞서 살펴본 '김씨가보' 속의 기록과 연도가 일치한다. 강릉을 거쳐 금강산을 다녀온 두 사람은 이듬해 대마도에 가서 지도를 그려오라는 정조의 어명을 받

강릉시 운정동의 해운정.
이곳 방명록에 김홍도와 김응환의 흔적이 남아 있다.

게 된다. 그렇다면 정조는 왜 대마도 지도가 필요했던 것일까?

이유를 알려면 정조 때 일본의 정세를 파악할 필요가 있다. 일본은 1787년에 막부장군이 도쿠가와 이에나리(德川家齊·1773~1841)로 바뀌면서 정치적으로 격변기를 보내고 있었다. 보통 막부장군이 바뀌면 조선에 통신사 파견을 요청해왔는데, 오랫동안 통신사 요청이 없어서 정조는 내심 일본의 동태가 궁금하던 차였다. 조선은 임진왜란이라는 엄청난 전쟁을 치르며 극심한 타격을 입은 후 남병사(南兵使)

를 파견해서 일본의 동태에
민감하게 주목하고 있었다.
그 와중에 "일본의 장군이 바
뀌었는데도 사절단의 초청이
없었기 때문에 일본의 정황
파악과 시각적 자료를 포함
한 정보수집 차원에서 역관
들을 중심으로 자주 왕래가

조선통신사 행렬도 일부.

있었던 대마도에 김홍도를 파견했을 가능성"은 충분히 있다는 것이
홍선표 이화여대 미술사학과 교수의 견해다.

금강산을 다녀온 김홍도와 김응환은 정조의 명에 따라 이듬해 대
마도로 향했다. 이들은 영남 지역을 거쳐 대마도로 갔는데 그때의 행
적이 기록으로 남아 있다. 유재건(劉在建 · 1793~1880)의 《이향견문록
里鄕見聞錄》은 조선시대 중인층 이하 뛰어난 인물들의 행적을 기록한
것이다. 여기에 "김응환은 어명에 따라 김홍도와 금강산을 그려 왔
다. 1789년에 다시 영남 지방을 두루 다니며 명산을 그렸다"는 대목
이 나온다.

경남 양산에 있는 통도사(通度寺)에도 김홍도가 그린 것으로 전해지
는 그림 한 점이 있다. 〈통도사 전경도〉인데, 낙관이 없어 확신할 순
없지만 김홍도가 이곳을 다녀간 것은 분명해 보인다. 절 입구의 바위
에는 통도사를 방문한 유명 인사들의 이름이 새겨져 있는데 김홍도
와 김응환 두 사람의 이름도 나란히 등장한다. 이는 두 사람이 대마
도로 가는 배를 타기 위해 부산으로 향하기 전에 남긴 흔적으로 보인

통도사 실제 모습(위)과 김홍도가 그린 것으로 전해지는 〈통도사 전경도〉(일부).

다. 이런 여러 가지 정황들은 김홍도가 대마도에 갔었다는 사실을 뒷받침해준다.

두 사람은 대마도로 가기 위해 양산을 거쳐 부산으로 갔다. 당시 왜관이 있던 부산에는 일본인들이 수시로 드나들었다. 그런데 부산

통도사를 방문한 유명인사의 이름이 새겨진 바위. 김홍도와 김응환의 이름도 나란히 등장한다.

에서 김응환은 병을 얻어 몸져 누운 후 일어나지 못했다. 결국 김홍도는 홀로 대마도로 향했다.

아쉽게도 김홍도가 그린 대마도 지도는 현재 남아 있지 않다. 그러나 기록이나 여러 가지 정황으로 볼 때 김홍도가 부산을 거쳐 대마도로 간 것은 분명해 보인다.

용주사 후불탱화 프로젝트

조선시대 도화서 화원들은 지도를 비롯해 나라에서 필요한 모든 분야의 그림을 그렸다. 화원인 김홍도도 기록화, 풍속화, 산수화 등 분

정조가 사도세자를 위해 지은 경기도 화성시의 용주사. 일주문이 다른 절과 달리 삼문의 형식으로 되어 있다.

용주사의 건물 기둥은
궁궐에서나 사용되는 장대한 돌로
이루어져 있다.

야를 가리지 않고 그림을 그렸는데, 그중에서 특히 주목할 만한 그림 한 점이 있다.

경기도 화성에 있는 용주사(龍珠寺)는 정조가 억울하게 죽은 아버지, 사도세자를 위해 지은 절이다. 그런데 이 절의 일주문은 다른 절과 달리 삼문(三門)의 형식으로 돼 있다. 일반적으로 삼문을 세우는 것은 대궐이나 관청들이었다. 용주사의 대웅전과 연결되는 천보루(天保樓)의 좌우로 긴 행랑채가 이어지고, 건물의 기둥은 궁궐에서나 사용되는 장대한 돌로 세워져 있다. 정조는 왜 이 같은 구조로 절을 지은 것일까?

권중서 대한불교 조계종 포교사는 "정조대왕이 아버지 사도세자를 위해서 이곳에 궁궐을 지은 것"이라고 말한다. 사도세자가 부처님의 힘으로 왕생극락하기를 바라면서, 아버지가 사후에라도 왕에 즉위해서 이런 궁궐에 계십사 하는 효심을 담고 있다는 것이다. 용주사는 사도세자의 궁궐인 셈이다.

사찰의 중심이 되는 대웅보전 법당에는 특별한 그림 한 점이 있다. 용주사 후불탱화다. 가로 3.5미터, 세로 4.4미터의 대형 통비단에 그려진 이 불화는 절의 창건과 함께 만들어졌다. 석가모니불을 중심으로 왼쪽에 약사불, 오른쪽에 아미타불이 위시해 있어 〈삼세여래체탱三世如來體幀〉이라 불린다. 그런데 다른 불화와 달리 하단 중앙

용주사 후불탱화. 김홍도의 그림으로 추정된다.

에 축원문이 적혀 있다.

主上殿下壽萬歲 주상전하수만세

慈宮邸下壽萬歲 자궁저하수만세

王妃殿下壽萬歲 왕비전하수만세

世子邸下壽萬歲 세자저하수만세

후불탱화의 하단 중앙에 쓰여 있는 축원문.

 이 축원문은 왕과 왕의 어머니인 자궁, 왕비와 세자의 장수를 기원한 것으로 후불탱화가 왕실을 위해 제작된 것임을 보여준다. 이 후불탱화를 그린 이가 바로 김홍도라고 《용주사 사적기》는 전한다.

후불탱화 일부.
손처리나 초상화적 기법이 김홍도의 화법과 같다.

우리 절의 여러 서화를 만든 사람은……
삼세여래체탱(후불탱화)은 전 연풍현감
김홍도가 그렸고……. —《용주사 사적기》

 화승들의 전유물인 불화를 과연 김홍도가 그렸을까? 많은 미술사학자들은 불화 속에 등장하는 인물들의 손이나 옷 선의 처리 등을 볼 때 김홍도의 필치와 일치한다고 말한다. 또한 얼굴 부분에서 일반 불화에서는 볼 수 없는 초상화적인 기법이 사용됐는데

이 역시 얼굴을 기다랗게 표현한 김홍도의
화풍과 같다.

최완수 간송미술관 연구실장은 "화가들은
인물화를 그릴 때 남의 초상화를 그려도 자
기 얼굴과 비슷하게 그리는 경향이 있다"고
설명한다. 단원은 얼굴이 갸름하고 코가 높
았는데 단원의 그림에 등장하는 인물들은
한결같이 그런 특징이 나타난다. 또 옷자락
을 하늘하늘 흩날리듯 표현하는 것과 같은
단원 화풍의 특징들이 후불탱화에 다 들어
있다는 것이 최완수 연구실장의 견해다.

김홍도의 후불탱화(위)와 화승 민관
이 그린 삼장탱화(1790).

김홍도가 그린 이 불화의 가장 큰 특징
은 서양화법인 원근법과 명암법을 사용했다는 점이다. 등장인물들을
보면 이마와 뺨 등에 조명이 들어간 것처럼 입체적으로 표현돼 있다.

사천왕상을 보면 명암법이 더욱 두드러지는데 이런 예는 전통 불
화에선 찾아보기 어렵다. 같은 해에 그려진 화승 민관의 삼장탱화와
비교해보면 그 차이가 확연하다. 그래서 한때 김홍도의 그림이 아니
라는 논란이 일기도 했다. 그러나 후에 발견된 국가 공식 문서, 《수원
지령등록》에도 김홍도가 불화 제작을 총감독했다고 분명히 명시되어
있다.

불상 후불탱을 주관 감독한 전찰방 김홍도와 김득신, 이명기는 2월 19일부
터 9월 29일까지 216일간 일했고……. ─《수원지령등록》

그렇다면 김홍도는 서양화법을 어떻게 알고 그렸을까? 그 궁금증을 풀 수 있는 단서가 임금의 말과 행동을 기록한 책인 《일성록日省錄》에 남아 있다.

이성원이 아뢰기를 "김홍도와 이명기를 (청나라) 동지사행에 데려가야 하는데 마땅한 직책이 없습니다. 이에 김홍도를 군관 자격으로, 이명기를 추가정원으로 데려가고자 합니다" 하니 윤허하셨다. —《일성록》정조 13년 8월

후불탱화를 그리기 몇 달 전, 정조는 청나라로 가는 사신 일행에 김홍도를 별도 직책까지 마련해 끼워 보낸 것이다. 여기에는 정조의 숨은 의도가 있었다. 당시 청나라 수도 연경(燕京)에는 천주교 신부들의 주도 아래 서양 문물이 대거 유입되고 있었다. 천주당에는 지금껏 볼 수 없었던 다양한 예술품들이 전시되면서 연경을 찾은 조선 사람들의 이목을 끌었다. 그중 서양화법으로 그려진 천주당 성화(聖畵)는 단연 볼거리로 사신들을 통해 정조에게도 알려졌다.

강관식 한성대학교 회화과 교수의 말을 빌리면 "정조는 자기가 총애하고 키워냈던 최고의 궁중화가 김홍도와 임영기에게 불화를 그리게 할 계획을 세워놓고, 사도세자의 산소를 옮기기로 결정한 바로 그다음 달에 두 사람을 북경에 보내서 천주당의 성화를 견학하게 하는" 치밀함을 보였다. 용주사의 후불탱화는 사도세자의 무덤을 지키는 불교 성화이기 때문에 북경에 있는 천주당 기독교 성화에 버금가는 수준의 성화를 그리기 위해서 정조가 처음부터 계획하고 특별히 지시한 일이라는 것이다.

서양화법을 구사한 이형록(李亨祿)의 책거리 그림.

당시 조선에도 새로운 화풍의 그림이 등장하기 시작했다. 대표적인 것이 서양화법이 들어간 '책거리' 그림이었다. 기록에는 서양화법을 구사한 책거리 그림을 김홍도가 잘 그렸다고 전한다.

> 그때에 도화서에서 서양의 사면척량화법(四面尺量畵法)을 본떴으니 책거리 그림이라고 하였다. 홍도가 이 기법을 잘했다. —이규상(李奎象), 《일몽고—夢稿》

정조의 오랜 준비, 그에 따라 김홍도가 익힌 서양화법. 이 모두가 총망라되어 탄생한 작품이 바로 용주사 후불탱화인 것이다.

행정관료 김홍도

용주사 후불탱화는 결국 정조의 치밀한 프로젝트 아래 완성된 작품

김홍도가 현감으로 있었던 충북 괴산군 연풍면.

이었다. 억울하게 죽은 아버지, 사도세자의 넋을 위로하기 위해 용주사를 건립한 정조는 그 절에 봉안할 후불탱화를 최고의 작품으로 만들고자 했다. 화원을 미리 청나라로 보내 서양화법을 익히게 할 정도로 정조는 치밀하게 준비했다. 그리고 이 작품의 총감독을 김홍도에게 맡겼다.

김홍도는 용주사 후불탱화를 그린 이듬해에 정조의 어진을 그리게 된다. 그리고 그 공을 인정받아 벼슬직을 하사받는데, 충청도 연풍 지역의 현감이라는 자리였다. 도화서 화원으로서는 흔치 않은 높은 직책에 오르게 된 김홍도. 화원이 아닌 행정관료로서의 김홍도는 어떤 모습이었을까?

1791년 12월, 김홍도는 충청도 연풍 지역의 현감으로 부임했다. 중인 신분으로 오를 수 있는 최고직책인 정6품 벼슬직에 오른 것이다.

연풍 지역의 현청 건물 가운데 하나였던 풍락헌.

김홍도가 현감으로 있었던 연풍 지역은 충청도 괴산군에 속한 작은 산골마을이다. 현재의 연풍초등학교 자리에 당시 현청이 있었는데 지금은 대부분 헐리고 건물 중 하나인 풍락헌(豊樂軒)만 남아 있다. 당시 이곳은 첩첩산중으로 인구가 적었다. 향토사학자 경석준 씨에 따르면 "연풍현은 연풍면을 비롯해 여러 면이 합쳐져 있었는데, 소백산맥의 준령에 위치한 가난한 현으로 가구 수가 1100호, 인구는 3200명 정도"에 불과했다고 한다.

김홍도가 연풍 현감으로 부임한 그해는 전국적으로 가뭄이 극심했다. 이때 김홍도는 굶주린 백성들을 위해 현청의 창고를 열어 곡식을 풀고 죽을 끓여 나눠먹도록 지시했다. 이러한 김홍도의 선행은 《일성록》(1793)에 잘 나타나 있다. "연풍현감 김홍도는 재해에도 나라 곡식에 의존하지 않고 부지런히 노력하여 굶주린 백성을 구제하였다"는 대목이다. 그 후에도 가뭄이 계속되자 김홍도는 조령산 중턱에 있는 상암사(上庵寺)라는 절을 찾았다. 그곳에서 기우제를 지내고 자식을 갖게 해달라는 개인적 소원도 빌었다. 기도 덕분인지 김홍도는 연풍에 와서 아들을 하나 낳았다.

김홍도가 기우제를 위해 암자에 올랐다가…… 늙도록 아이가 없더니 이 산에서 빌어 아들을 얻었다. ―《연풍군 상암사 중수기》

김홍도가 연풍 현감 당시 인근의 단양 지역을 그린 〈도담삼봉〉과 〈옥순봉〉.

그의 나이 마흔여덟에 얻은 귀한 아들이었다. 훗날 아버지를 따라 화원이 된 아들 김양기(金良驥)는 아버지의 시문을 모아 《단원유묵첩檀園遺墨帖》을 만든다.

연풍에서도 김홍도는 활발하게 그림을 그렸다. 지역의 선비들과 풍류를 즐기는 한편, 인근의 빼어난 풍경을 화폭에 담기도 했다. 김홍도가 연풍에서 가까운 단양 지역의 절경을 그린 그림이 지금도 전한다. 《단원절세보첩檀園折世寶帖》에는 단양 지역을 그린 〈도담삼봉〉, 〈옥순봉〉 등의 그림이 남아 있다.

그런데 부임 3년째 되던 해, 김홍

도의 현감 생활에 큰 위기가 찾아온다. 충청위유사(忠淸慰諭使) 홍대협(洪大協)이 단원 김홍도의 실정에 대해 상소를 올린 것이다.

> 김홍도는 고을의 수장인 몸으로 즐겨 중매나 행하고 노비와 가축을 상납케
> 하고 사냥이나 즐겨 하여 원망과 비방이 자자합니다. ─《일성록》정조 19년(1795)

진준현 교수는 "김홍도의 탄핵 사유를 보면 사냥을 했다든가 백성들의 중매를 섰다든가 등인데 사실 그 정도는 그다지 죄가 되지 않는 것들이었다"고 말한다. 백성들의 중매를 섰다는 것은 어떻게 보면 백성들을 배려했다는 것이 될 수도 있고, 또 사냥 한 번 안하는 사또가 어디 있었겠느냐는 반문이다. 그런 점에서 홍대협의 상소문은 아마 중인 출신 사또에 대한 사대부의 편견이 작용했을 가능성이 높다는 것이 진 교수의 견해다.

어쨌든 홍대협이 올린 상소로 인해 김홍도는 연풍 현감 직에서 파직되고 의금부로 가서 문초를 받아야 하는 신세가 됐다. 그러나 김홍도에 대한 정조의 믿음은 한결같았다. 정조는 의금부에서 미처 잡아오지 못한 죄인은 사면하라는 명을 내려 김홍도를 구제해주었다. 정조의 배려로 의금부로 압송되는 사태는 면했지만, 김홍도의 현감 생활은 3년 만에 불명예스럽게 끝이 나고 말았다.

연풍 현감 김홍도에 대한 기록이 충분치 않아 정확히 알 순 없지만 목민관으로서의 활동은 그리 훌륭하지 않았던 것 같다. 하지만 현감 3년의 임기를 거의 다 채웠고 파직된 직후 정조가 다시 궁으로 불러들인 것을 보면 그 죄가 크지 않았음을 추측해볼 수 있다. 도화서 화

원으로 복귀한 김홍도는 그해 왕실 최대 행사를 기록하는 총책임을 맡는다.

오십대, 조선의 대표 화가로 우뚝 서다

1795년 2월, 정조는 수원 화성의 준공을 앞두고 왕실의 큰 행사를 준비하고 있었다. 그해는 정조의 어머니인 혜경궁 홍씨의 회갑이자 돌아가신 아버지 사도세자의 회갑이기도 했다. 그리고 정조 자신이 즉위한 지 20년이 되는 뜻 깊은 해였다.

이를 기념하는 대규모 화성 행차와 회갑연이 마련되면서 행사 전

〈화성원행반차도〉 일부.

〈주교도〉 일부.

반을 기록하는 의궤청(儀軌廳)이 세워졌다. 그리고 의궤 속에 들어가는 그림의 총책임을 김홍도가 맡았다. 행사의 모든 과정은 김홍도의 책임 아래 화원들에 의해 그려졌다.

그중 〈화성원행반차도華城園幸班次圖〉라 이름 붙여진 두루마리 형태의 그림은 마치 기록사진을 보는 듯하다. 길이 15미터가 넘는 방대한 그림 속엔 당시 행사의 전말이 자세히 기록돼 있다. 말이 끄는 정조의 가마, 그 뒤를 따르는 호위무사와 궁녀들의 모습까지 상세하다.

또한 주요 행사의 모습을 여덟 폭의 병풍으로 남겼다. 〈원행을표의 궤도병풍〉이 그것이다. 그중 노량진에서 배로 다리를 만들어 한강을 건너는 모습을 그린 〈주교도舟橋圖〉와 행렬이 막 시흥 행궁에 다다른 모습을 그린 〈시흥행궁환어도始興行宮還御圖〉는 우리나라 기록화의 금자탑이라 불릴 만하다. 대규모 행렬과 수많은 구경꾼들의 모습이 생생하게 살아 있는 이 그림에는 자신감과 활력이 넘치던 시대상이 잘 드러나 있다.

강관식 교수의 평을 들어보자. "행사 기록화이기 때문에 무척 풍속화적인 요소가 많다. 당시의 궁중 풍속이지만 주변에는 구경 나온 백성들이 자연스럽고 해학적으로 묘사돼 있다. 따라서 정조가 이상으로 꿈꿨던 왕실과 백성의 소통을 회화적으로 보여주는 매우 중요한 의미가 있는 그림이다. 그리고 바로 그런 내용들이 정조 대에 발달했던 서양화의 원근법과 투시법이 반영된 사실적인 화풍으로 표현되어 현장감 있게 다가온다."

모든 기술력을 총동원해 1796년 8월에 완공한 수원 화성은 정조가 집권 후반기에 정치적 주도권을 장악하기 위해 추진한 건설 사업이었다. 정조는 화성 건설의 모든 과정을 꼼꼼히 기록하게 했는데 여기에도 김홍도가 중요한 역할을 했다. 그는 정조를 위해 화성 일대의 풍경을 화폭에 담았다. 〈서성우렵도西城羽獵圖〉, 〈한정품국도閒亭品菊圖〉 등이다. 이렇듯 오십대 초반의 김홍도는 국가의 중요한 행사를 빠짐없이 기록하며 가장 활발하게 활동했다.

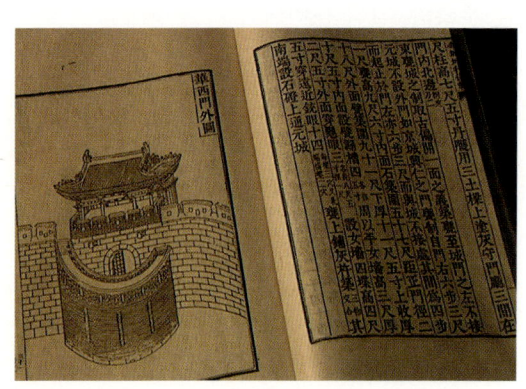

화성 건설의 과정을 꼼꼼히 기록한 《화성성역의궤》.

거기에는 정조의 각별한 신뢰와 지원이 있었다. 이를 엿볼 수 있는 정조의 글이 《홍재전서弘齋全書》, 즉 규장각에서 정조의 시문과 윤음, 교지 등을 모아 엮은

김홍도가 정조를 위해 화성 일대 풍경을 그린 〈서성우렵도〉 일부.

전집에 남아 있다.

> 김홍도는 그림에 교묘한 자로 그 이름을 안 지 오래다. 30년 전 나의 초상
> 을 그렸는데 그 후로 무릇 그림을 그리는 일은 모두 홍도에게 주관케 하
> 였다. —《홍재전서》 정조 24년(1800)

불세출의 화가, 쓸쓸한 만년

그러나 정조의 무한한 신뢰를 받던 김홍도의 황금기는 그리 길지 않
았다. 1800년, 정조가 49세의 나이로 돌연 승하한 것이다. 그의 죽음

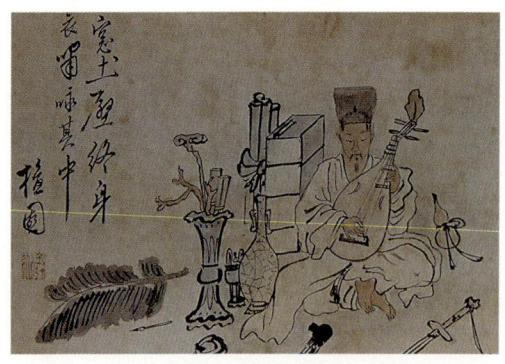

김홍도가 말년에 초야에 묻혀 그린 〈포의풍류도〉.

김홍도의 말년 그림 〈염불서승도〉.

으로 규장각을 이끌던 많은 개혁파들이 힘을 잃었다. 그들 속에 김홍도도 있었다. 정조라는 거대한 날개를 잃은 김홍도는 초야에 묻혀 말년을 보냈다. 그 쓸쓸한 생활 속에서도 위로가 돼준 것은 그림이었다. 자신의 모습을 그린 듯한 〈포의풍류도布衣風流圖〉에는 "종이창에 흙벽 바르고 이 몸 다할 때까지 벼슬 없이 시가나 읊조리련다"라고 자신의 심정을 담은 화제(畵題)가 적혀 있다.

그가 말년에 그린 그림들, 〈소림명월도疎林明月圖〉나 〈염불서승도念佛西昇圖〉를 보면 세속과 담을 쌓은 듯한 초탈한 심정이 잘 드러난다. 당시 단원은 경제적으로도 상당히 궁핍했다. 아들에게 보낸 편지에 이런 내용이 등장할 정도다.

녹아에게

날씨가 차가운데 집안은 편안하고 너의 공부는 한결같으냐? 너의 선생님 댁에 보내는 월사금을 보낼 수 없어 한탄스럽다. 정신이 어지러워 더 쓰지 않는다.

김홍도가 언제 생을 마쳤는지 정확한 기록은 남아 있지 않다. 늦가을의 쓸쓸한 정취를 그린 〈추성부도秋聲賦圖〉. 노년의 비애를 느끼게 하는 이 그림이 그의 마지막 작품이다.

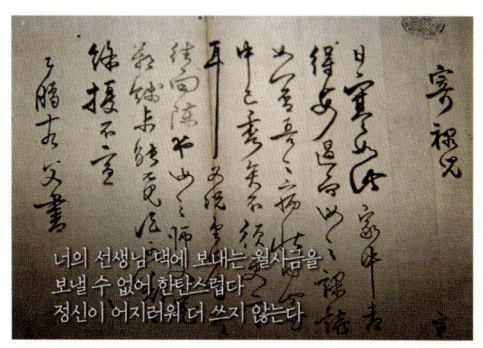

너의 선생님 댁에 보내는 월사금을
보낼 수 없어 한탄스럽다
정신이 어지러워 더 쓰지 않는다

김홍도가 아들에게 보낸 편지.

천부적인 재능을 타고난 불세출의 화가, 단원 김홍도. 그가 활동했던 시대는 조선 역사 500년을 통틀어 가장 태평성대하고 예술활동이 활발했던 문예 부흥기였다. 김홍도는 그 변

김홍도의 마지막 작품인 〈추성부도〉.

화의 시대를 기록한 화가이자 새로운 화풍으로 조선의 르네상스를 이끈 주역이었다.

시대의 요청에 한 치의 모자람 없이, 그것도 기존의 화법에서 벗어나 새로움을 추구한 김홍도의 그림 속에는 그가 살았던 세상의 태평한 기상과 문화를 존중하던 그 시대의 자긍심이 들어 있다. 그리고 200년이 흐른 지금, 김홍도가 남긴 다양한 그림들은 그 어떤 사료나 기록보다 지난 역사를 생생하게 보여주는 창이 되고 있다.

정조 19년(1795) 수원성.

조선 역사상 유례없는 대규모 군사훈련이 펼쳐진다.

훈련을 지켜본 대신들은 불안감에 사로잡혔다.

임금 정조의 지나친 위용이 두려웠던 것이다.

갑옷을 입고, 6000명의 군사를 지휘하는 임금의 모습.

정조는 왜 군대를 이끌고 나선 것일까?

무인의 길을 선택한 군주
─ 정조

조선 역사상 가장 뛰어난 학식을 지녔던 임금이 바로 정조 대왕이다.
정조는 성리학을 비롯해 문학, 과학, 역학, 의학 등
다방면에 능통했으며, 규장각 문신들을 직접 가르쳤을 만큼
학자로서의 자부심이 대단했던 임금이다.
조선 최고의 학자 군주였던 정조.
그런데 이런 학자의 모습 이면에는 전혀 다른 정조의 모습이 숨어 있다.
정조는 직접 군대를 이끌고 병사들을 훈련시키는 등,
스스로 무사와 같은 모습으로 자주 나타나곤 했다.

숨쉬기조차 힘들었던 세손 시절

영조 51년(1775), 영조의 나이 82세가 되던 해에 영조는 신하들 앞에
서 세손에게 왕위를 물려줄 뜻을 밝힌다. 그리고 승지에게 이를 적도
록 명령한다. 그런데 이때 예기치 않은 사건이 발생한다. 신하들이
영조의 하교를 거부하며, 승지가 글을 쓰지 못하도록 막아선 것이다.
더구나 그 자리에는 당시 세손이었던 정조도 함께 있었다.《영조실
록》은 1775년 11월 30일, 당시의 긴박했던 상황을 자세하게 기록하
고 있다.

> 이때 홍인한이 승지의 앞을 가로막고 앉아서 승지가 글을 쓰지 못하게 할
> 뿐 아니라, 임금의 하교가 어떻게 된 것인지도 들을 수 없게 하였다.
>
> —《영조실록》영조 51년 11월 30일

중대한 왕명조차 거부되는 냉엄한 현실을 세손은 일찍부터 경험
했다.

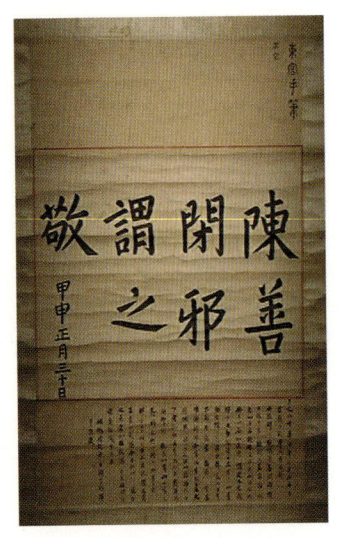

정조가 12세 세손 시절 쓴 친필.

국립전주박물관에는 어린 시절 세손의 심경을 짐작할 만한 글이 남아 있다. 세손이 열두 살 때 썼다는 어필, 陳善閉邪謂之敬(진선폐사위지경). 선을 아뢰고 사악함을 막아내는 것을 '공경'이라 한다는 뜻이다. 맹자의 글귀에서 인용한 것인데, 이경창 원광대학교 서예학과 강사에 따르면 "신하가 왕을 어떻게 보필하고 공경할 것인가에 대한 신하로서의 자세를 지적하는 내용"이라고 한다. 이경창 강사는 어필의 내용은 정조가 아버지 사도세자를 생각하면서 당시의 신하들을 의미심장하게 꼬집어서 잘못된 점을 지적한 것으로 볼 수 있다고 설명한다.

열두 살 세손의 눈에 비친 신하들의 잘못. 그 '사악함(邪)'이란 무엇이었을까?

임오년 윤5월 13일. 정조의 분노는 그날의 사건에서 시작됐다. 뒤주에 갇혀 죽어야 했던 정조의 아버지 사도세자. 당파 싸움에 희생된 억울한 죽음이었다. 어린 세손은 아버지의 죽음을 두 눈으로 똑똑히 지켜보고 있었다. 그리고 그 자리에서 자신의 손으로 아버지의 한을 갚고, 못 다한 효를 다할 것을 다짐한다.

사도세자는 8일 동안 뒤주에 갇혀 있다 죽었는데, 그때 뒤주를 지키던 포도대장과 그의 수졸들은 대놓고 사도세자를 조롱했다고 전해진다.

정조가 세손 시절 머물던 경희궁.

떡을 먹고 싶으냐. 떡을 줄까.

술을 마시고 싶으냐. 술을 줄까.

모욕과 희롱이 이 지경에 이르렀다.

—《사백록俟百錄》

　김문식 단국대학교 사학과 교수는 사도세자 입장에서는 "생부가 죽어가는 걸 눈앞에 두고도 아무것도 할 수 없는 자신의 모습을 보며 당연히 나중에 복수심이 생길 수밖에 없었다"고 분석한다.

　정조 자신도 세손 시절 경희궁에 머물면서 무수한 고초를 겪었다. 당시의 어려웠던 상황을 정조는 일기 속에 상세히 남겼다. 세손 시절에 쓴《존현각일기》에서 정조는 자신이 일기를 남기는 이유를 "지금

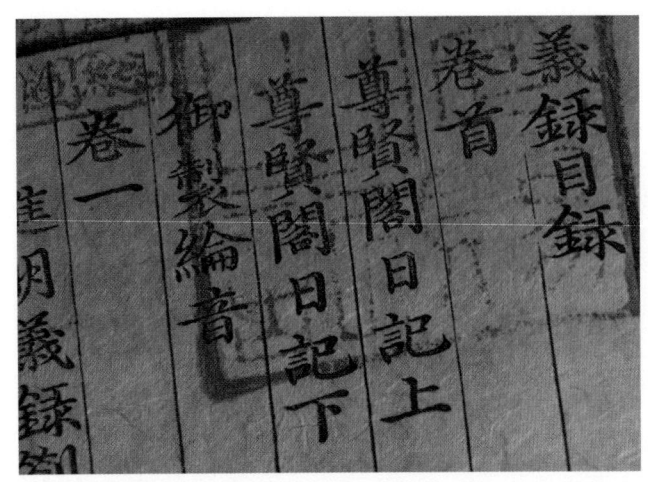
정조가 세손 시절 남긴 일기.

당하는 핍박을 후세에 전하여 알게 하기 위해서다"라고 적고 있다.

《존현각일기》에는 영조 말년에 왕위 계승 문제를 둘러싼 정조와 신하들 간의 갈등도 낱낱이 기록되어 있다. 심지어 "(신하들이) 임금을 만날 때에도 몸을 구부리지 않았고 신발 끄는 소리를 탁탁 내며 전혀 삼가고 두려워하는 뜻이 없었다"는 기록도 등장한다. 당시 노론 신하들의 오만과 위세가 극에 달해 있었음을 알 수 있는 대목이다. 신하들은 세손을 손 안의 노리개쯤으로 여기며 끊임없이 협박을 가했다.

> 흉도들이 심복을 널리 심어놓아 밤낮으로 엿보고 살펴 위협할 거리로 삼았다. —《존현각일기》

정적들이 끊임없이 감시하고 위협하던 그 시절, 정조는 "두렵고 불안하여 차라리 살고 싶지 않았다"는 심경마저 토로한다.

박현모 한국학중앙연구원 교수는 노론 신하들이 이와 같이 정조를 밤낮으로 위협한 것은 "사도세자의 아들인 정조가 왕위에 오르면 옛날에 연산군이 그랬던 것처럼 멸문지화(滅門之禍)의 위기에 처하게 되는 것은 불을 보듯 뻔한 일이므로 어떻게든 세손을 막아야겠다"는 계산에서 비롯된 행동이라고 설명한다. 노론을 필두로 한 대신들은 노골적으로 세손을 무시했다. 심지어 홍봉한의 동생으로 정조의 작은 할아버지가 되는 홍인한(洪麟漢 · 1722~1776)은 다음과 같은 막말까지 내뱉었다.

> 동궁께서는 노론이니 소론이니 알 필요가 없으며, 이조판서와 병조판서의 일 또한 알 필요가 없습니다. 조정의 일에 관해선 더욱이 알 필요가 없습니다. —《영조실록》영조 51년 11월 20일

이른바 세손은 세 가지를 알 필요가 없다는 삼불필지설(三不必知說). 조정의 모든 일을 기록해야 하는 사관은 노론 대신의 협박 때문에 그 내용을 기록하지 못했다. 정조는 그날 밤 일기에 "홍인한의 권세가 나라보다 더 대단하다"고 적었다.

왕위에 오른 사도세자의 아들

1776년 3월 10일, 온갖 위협과 고초 끝에 정조는 마침내 왕위에 올랐

다. 즉위 당일, 정조는 대신들이 보는 앞에서 자신이 사도세자의 아들임을 천명했다.

寡人 思悼世子之子也

아! 과인은 사도세자의 아들이다.

그러나 조정은 이미 노론들이 권력을 차지한 상황. 심지어 뒤주 앞에서 사도세자를 희롱했던 세력들까지 병권을 잡고 있었다. 이 시기 정조의 심정은《실록》의 다음 대목에서도 잘 드러난다.

역적 선복(善復)으로 말하면 손으로 찢어 죽이고 입으로 그 살점을 씹어먹는다는 것도 오히려 헐후(歇後)한 말에 속한다. 매번 경연(經筵)에 오를 적마다 심장과 뼈가 모두 떨리니, 어찌 차마 하루라도 그 얼굴을 대하고 싶었겠는가마는, 그가 병권을 손수 쥐고 있고 그 무리들이 많아서 갑자기 처치할 수 없었으므로 다년간 괴로움을 참고 있다가 끝내 사단으로 인하여 법을 적용하였다. ─《정조실록》 1792년 윤4월 27일

즉위 후에도 사방에서 죄여오는 위협 때문에 정조는 사면초가를 벗어나지 못했다. 1777년 즉위 초에는 무려 세 차례에 걸쳐 정조를 노린 자객이 궁궐에 침입했다. 《정조실록》 곳곳에는 정조가 위협받은 상황들이 기록되어 있다. 먼저 정조 1년 7월 28일, 정조의 침소까지 자객이 침입하는 사건이 발생했다. 《실록》에 따르면 정조는 평소처럼 그날도 존현각에 나가 촛불을 켠 채 책을 읽고 있었다. 곁에 있

던 내시는 정조의 명으로 호위무사들이 잠자리에 드는 것을 지켜보러 가느라 잠시 자리를 비운 상태였다. 정조 곁에는 아무도 없었다. 그때 갑자기 발자국 소리가 "보장문 동북쪽에서 회랑 위를 따라 은은하게 울려왔고, 어좌(御座)가 있는 가운데 방쯤 와서는 기와 조각을 던지고 모래를 던져 쟁그랑거리는 소리"《정조실록》가 계속되었다. 한참 후 정조가 사람을 불러 가운데 방 위를 수색해보니 기와 파편과 자갈, 모래와 흙이 이리저리 흩어져 있는 모습이 마치 사람이 차거나 밟은 흔적 같았다.

임금을 죽이려고 실제로 자객을 보낸 일은 조선왕조 역사상 처음이었다. 즉각 정조에 대한 호위가 강화되었다. 대신들은 존현각이 너무 노출되어 침입하기 쉽다는 이유를 들어 정조에게 창덕궁으로 처소를 옮기라고 주청했다. 대신들의 말을 듣고 정조가 창덕궁으로 옮긴 것이 8월 6일이었다. 창덕궁에서 산 쪽으로 통하는 경추문(景秋門)을 수축하는 등 경호체계도 대폭 정비되었다. 그런데 11일 밤 다시 사건이 터졌다. 괴한이 경추문 북쪽 담장을 넘으려고 한 사건이었다. 마침 경추문을 지키던 17세의 김춘득을 비롯해 세 군사가 합심해서 괴한을 잡았다. 조사 결과 앞의 사건도 동일인의 소행임이 밝혀졌다. 괴한의 배후에는 홍술해와 홍상범 부자가 있었다. 이들은 사도세자를 죽음으로 몬 홍계희의 아들과 손자였다. 수사 과정에서 이들이 정조와 홍국영을 저주하는 굿을 벌이고 주술까지 행한 사실이 드러난다.

물리적인 위협에 더해, 신하들은 왕위계승의 정당성까지 문제 삼기 시작했다. "죄인의 아들인 정조를 왕으로 인정할 수 없다(罪人之子

不爲君王)"는 것이었다.

　세손 시절부터 끊임없이 이어진 위협 속에서 정조는 불안한 마음
에 쉽게 잠을 이루지 못했다.

> 나는 낮에는 마음을 졸이고 밤에는 방 안을 맴돌며 잠을 이루지 못하였다.
>
> ―《존현각일기》

　정조에게 임금의 자리는 불안과 공포 그 자체였다.《존현각일기》에
보면 "바늘방석에 앉은 것처럼 두렵고 달걀을 포개놓은 것처럼 위태
롭다"고 심경을 토로한 대목이 있다.

　'죄인의 아들'이라는 오명을 안고 힘겹게 왕위에 올랐지만 그 후에도
정조를 둘러싼 상황은 전혀 나아지지 않았다. 조선은 이미 신하들이 지
배하는 나라였고, 더구나 이들이 믿던 성리학 이념은 왕의 절대권력을
인정하지 않았다. 왕을 더 이상 왕으로 보지 않는 노론들의 나라 조선
에서 정조는 살 길을 찾아야 했다. 정조의 선택은 무엇이었을까?

무인 정조의 기틀을 확립하다

정조가 주목한 것은 바로 무사였다. 무(武)가 천시되던 조선시대. 정
조는 실력 있는 무사들을 양성하고 조선 무예의 혁신을 이루고자 했
다. 그 대표적인 인물이 '백동수(白東脩 · 1743~1816)'라는 낯선 이름.

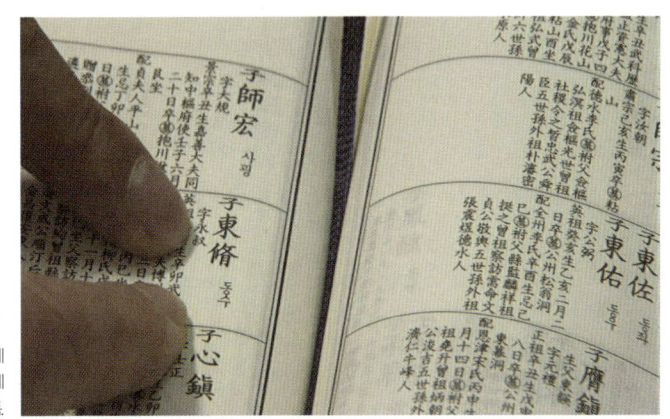

수원 백씨 종친회에
남아 있는 무사 백동수에
관한 기록.

수원 백씨 종친회에 남아 있는 기록에 따르면 백동수는 기골이 장대
하고 기운이 센, 지금으로 말하면 일당백을 감당할 수 있는 용맹성을
갖춘 무인이었다.

18세기 조선을 호령했던 전설적인 무사 '야뇌(野餒)' 백동수. 그의
무예는 따를 자가 없었다. 이덕무가 《청정관전서靑莊館全書》에서 "백
동수는 딴 세상을 노니는 사람 같았다"고 서술했을 정도로 그는 타고
난 야인이었다.

정조 대에는 총 37회에 걸쳐 무과시험이 치러졌는데, 매 시험마다
이송모(李松模), 이상연(李尙淵), 조중정(趙重鼎) 같은 많은 무사들이 배
출되었다. 정조는 수시로 궁 밖에 행차하여 무사를 선발했으며, 자신
이 직접 시험과목을 정하고 감독하기도 했다.

정조 8년, 정조는 아버지 사도세자의 존호를 장헌세자(莊獻世子)로
올린 것을 기념해 대규모의 무과시험을 실시했다. 실력만 있다면 집
안이나 신분에 상관없이 누구나 무사로 발탁될 수 있었다. 이날 시험
에서 무과의 정원 외 합격자만 2900명이 넘었다고 《정조실록》(정조 8

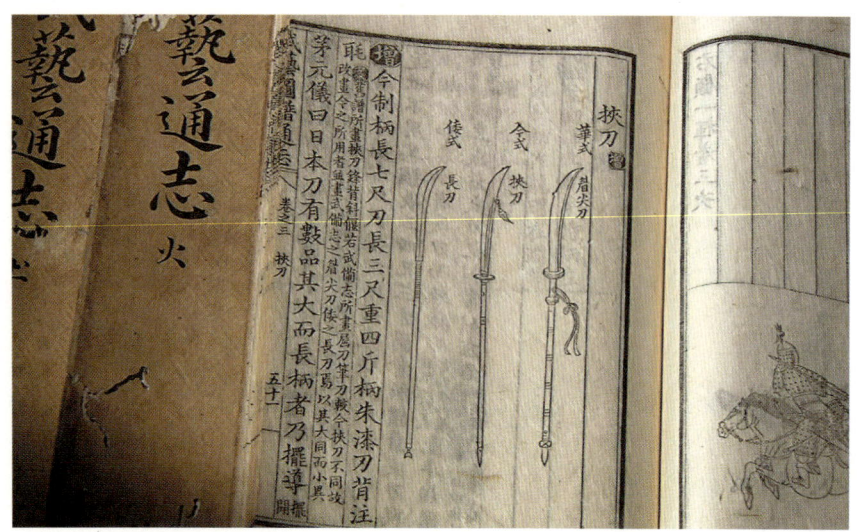

《무예도보통지》.

년 9월 24일)은 전한다. 응시생들 중엔 70~80된 노인들도 있었다. 정
조가 선택한 30명의 무사들. 이 30명을 기반으로 마침내 정조의 호위
군대인 장용영(壯勇營)이 탄생했다.

　정조는 해마다 병사 수를 늘리고 장용 내영과 외영을 설치하는
등 장용영의 위상을 확립해나갔다. 정조는 또 병사들을 직접 훈련
시키기도 했는데, 특히 십팔기(十八技)라는 무예를 집중적으로 익히
게 했다. 정조는 십팔기의 보급을 위해 이를 집대성한 무예서도 편
찬했는데, 바로《무예도보통지武藝圖譜通志》다.《무예도보통지》는 사
도세자가 완성한 십팔기에 마상무예 6기를 더해 편찬한 무예서로,
42종에 이르는 각종 무예에 관한 자세한 도해와 설명을 적은 것이
다. 정조는 이 책을 병사들에게 나눠주어 십팔기를 쉽게 익히도록
했으며, 십팔기를 중심으로 모든 군대의 훈련방식을 통일했다. 정

《장용영고사》. 장용영의 훈련 기록 등을 담은 책.

조의 구상에 따라 장용영은 서서히 조선 최고의 정예부대로 성장하
고 있었다.

> 이 책의 기예를 익혀 모두 맹수와 같은 날랜 무사가 되도록 하라.
>
> ─《무예도보통지》어제서문

《장용영고사壯勇營故事》에는 당시 장용영 병사들이 행한 훈련의 양
이 기록되어 있다. 기록에 따르면 병사들은 하루 3000발 이상의 활을
쏘는 날도 있을 정도로 강도 높은 훈련을 받았다. 정조는 장용영 병
사들을 매우 엄격하게 훈련시켰고, 훈련이 끝난 후에는 직접 병사 개
개인의 무예 실력을 일일이 확인한 후 세세하게 기록까지 남겼다. 그
런 만큼 장용영 병사들은 임금에게 인정받은 무사라는 강한 자부심

을 가지고 있었다.

장용영은 서서히 그 위용을 갖추어갔다. 그와 동시에 신하들은 장용영에 대한 불편한 심기를 드러내기 시작한다. 장용영의 설치를 비난하는 신하들의 상소가 빗발쳤다.

> 안으로는 금군과 무예청이 있고 밖으로는 오영의 장졸이 있어, 빠진 곳 없이 빙둘러 호위하여 방비가 매우 견고한데, 전하께서는 무엇 때문에 필요 없는 이 장용위를 만들어서 경비를 지나치게 허비하는 길을 넓히십니까.
>
> ―《정조실록》정조 12년 1월 23일, 오익환(吳翼煥)의 상소

당시 군권은 노론을 위시한 양반 세도가문이 장악하고 있었다. 군대는 노론 권력층과 결탁한 지 오래였다. 정조는 이처럼 군대가 임금의 손을 떠나 사병화되고 있음을 우려했다. 이는 정조가 "가병(家兵)과 다문(多門)의 폐단을 염려"했다는 1778년《정조실록》의 대목에서 잘 드러난다.

이태진 서울대학교 국사학과 교수는 정조가 당시 오군영(五軍營)의 폐단, 즉 "전부 특정 정파의 사람들과 연결되어 있어서 유사시에 군주에 대한 충성심을 보장할 수 없다는 점을 잘 알고 있었기 때문에 판을 뒤엎고 사람들을 부분적으로 빼내 장용영에 포함시켰다"고 설명한다.

무엇보다 정조가 군권을 장악할 수 있었던 이유는 그 스스로 무예 실력을 높이 쌓았기 때문이다. 정조는 마치 사령관과 같은 모습으로 병사들을 직접 가르치고 훈련시켰다. 또 진법서인《병학통兵學通》을

편찬할 정도로 진법에도 관심이 많았다. 특히 정조는 진법을 익히는 것을 중시했는데, 당시 규장각 학자였던 정약용, 이덕무 등 선비들까지 정조의 명을 받아 진법서를 익혀야 했다. 30명의 무사에서 출발한 장용영은 이후 정조의 지휘 아래 1만 8000명까지 늘어나며 그 위용을 높여갔다.

학자 군주 vs 활쏘기 천재

수원화성 홍보관에는 교과서에서 흔히 보던 정조의 어진이 전시되어 있다. 4000여 권에 달하는 방대한 서적을 편찬한 문예 군주답게 온화한 정조의 모습이 담겨 있다. 그런데 흥미로운 점은 정조의 실제 모습과는 많이 다르다는 사실이다. 그렇다면 실제 정조와 다른 이 그림이 어떻게 정

수원화성 홍보관에 있는 정조의 어진.
1989년 이길범 화백이 학자 군주 정조의 모습을 상상해서 그린 것이다.

조의 어진으로 남아 있을까? 또 실제 정조는 어떤 모습을 하고 있었을까?

수원화성의 어진은 이길범 화백이 1989년에 학자 군주 정조의 모습을 상상해서 그린 것이다. 그래서 실제 정조의 모습과는 많이 다를 수밖에 없다. 정조는 평생 어진을 세 번 그렸는데 지금은 모두 소실

《선원보략》에 남아 있는
정조의 어진

된 상태다. 기록에 따르면 정조는 군복을 입고
어진을 그리게 했다고 한다. 무인 군주로서의
강인함을 어진으로 남기고자 했던 것이다.

박현모 교수는 조선시대 구황실의 족보인《선
원보략璿源譜略》에는 정조가 "삼국지의 장비 같
은, 무척 무섭게 생긴 이미지"로 표현되어 있다
고 설명한다. 학자 군주라는 말이 틀리진 않지
만, 정조에게는 여러 개의 얼굴이 있었고, 그중
하나가 바로 무인으로서 직접 활을 쏘고 군대를
지휘하고 진법을 구사하는 모습이었던 것이다.

《선원보략》에 실린 정조 어진은 당시 존재하던 실제 정조의 어진을
보고 그린 것으로 추정된다. '네모난 입에 겹진 턱.' 이는《순조실록》
에 기록된 정조의 묘사와 정확히 일치한다.

정조는 스스로 무사가 되고자 했던 특별한 임금이었다. 신하들이

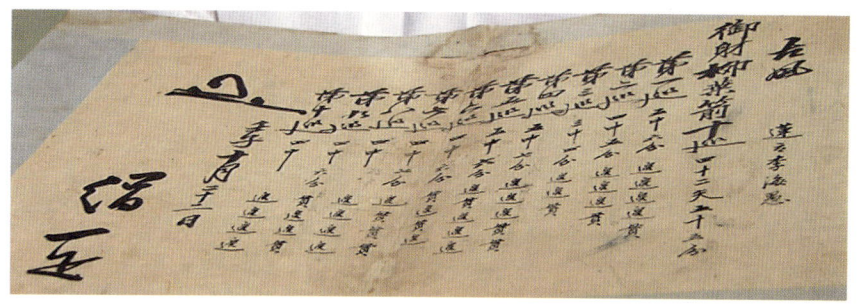
정조의 활쏘기 성적을 기록한 《어사고풍첩》.

보는 앞에서 활쏘기를 즐겼고, 활쏘기를 통해 신하들의 무예를 시험하는 일도 잦았다. 실제로 정조는 신궁이라 불릴 정도로 활쏘기의 천재였다. 정조의 활쏘기 성적을 기록한 《어사고풍첩御射古風帖》에 따르면 1792년 한 해 동안 정조는 믿을 수 없는 기록들을 쏟아냈다. 50발을 쏴서 49발을 명중시킨 날이 열 번이나 되고, 100발을 쏴서 98발을 맞힌 날도 있었다.

강신엽 육군박물관 학예연구사에 따르면 50발을 쏴서 49발이라는 결과가 나온 것도 사실은 일부러 마지막 한 발을 쏘지 않았기 때문이라고 한다. "임금은 신하에게 겸양의 미덕을 보여줘야 한다는 예(禮)가 있기 때문에 한 발은 쏘지 않은 것"이라는 설명이다. 정조가 얼마나 활을 잘 쏘았는지 여실히 드러나는 대목이다.

실제 정조의 활쏘기 실력은 얼마나 대단한 것이었을까? 국내 최고의 궁도 선수들과 그 실력을 비교해보기로 했다. 당시 정조가 활을 쏜 것과 비슷한 조건, 즉 145미터의 사격거리를 두고 선수들에게 50발씩을 쏘도록 했다. 과연 선수들은 몇 발이나 명중시킬까? 아무리 잘해야 40발을 맞히지 못했다. 궁도 선수단의 조상준 감독에 따르면 "궁도 선수들이 50발을 쏴서 다 명중시키는 일은 평생에 한 번 있을까 말까 할 정도로 굉장히 어려운 기록"이라고 한다.

기록을 보면 정조가 이 50발을 거의 매일같이 맞히던 시기도 있었다. 또 성적이 계속 높게 나오자 정조는 과녁을 축소하여 더욱 정밀한 활쏘기를 시도했다. 작은 부채나 곤봉, 편곤 등을 과녁으로 사용했는데, 과녁이 아무리 작아져도 정조의 활쏘기 실력은 변함이 없었다. 좁은 과녁에도 10발을 쏴 모두 맞힐 정도였다.

> 작은 부채를 매달아 5발을 쏘아 4발을 맞혔고…… 곤봉을 매달아 10발을 쏘아 10발 모두 맞혔다. ─《정조실록》정조 16년 10월 30일

조선 후기 실학자 정약용(丁若鏞·1762~1836)의 저술을 총정리한 문집 《여유당전서與猶堂全書》. 뜻밖에도 이 책에 활쏘기에 관한 기록이 남아 있다. 당시 정조는 규장각 문신들까지 불러내 활쏘기를 시켰다.

> 처음에는 활이 망가지고 깍지는 떨어져 나가고…… 손가락은 부르트고…… 솜씨가 서툴러서 크게 웃지 않는 사람이 없었다.
>
> ─《여유당전서與猶堂全書》

정조는 "문장은 아름답게 꾸미면서 활을 쏠 줄 모르는 것은 문무를 갖춘 재목이 아니"라면서 문신들에게 활쏘기를 가르칠 정도로 문무의 조화를 중시하는 임금이었다.

김문식 교수는 정조의 이런 모습은 "새로운 국왕의 면모를 보여주고자 한 것"이라고 설명한다. 다시 말해서 단순히 학문을 연구하는 국왕이 아니라 만천하를 강력한 힘으로 다스릴 수 있는 무장의 모습을 보여주고 싶어했다는 것이다.

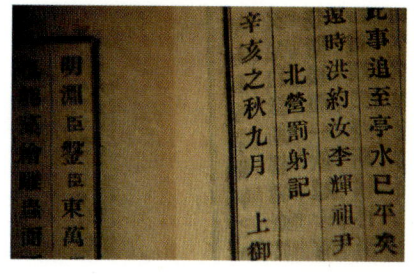

정약용의 《여유당전서》에 등장하는 활쏘기에 관한 기록.

강력한 무인 군주의 위용을 드러낸 정조는 신하들에게 점점 두려운 존재가 되어갔다. 군권을 기반으로 신하들을 협박했고, 화유해서 자신의 세력으로 끌어들이기도 했다.

그러나 지금까지는 준비단계에 불과했다. 정조는 앞으로 더 큰 폭풍이 닥칠 것임을 예고하고 있었다.

自今必思惕然改圖

지금부터는 두려운 마음을 갖고 고치도록 하라.

이렇듯 정조는 조선 왕족 가운데 보기 드물게 뛰어난 무인 기질로 군권을 장악했던 임금이었다. 그럼에도 지금껏 많은 사람들이 정조를 학자 군주의 모습으로만 기억하는 이유는 문무의 조화를 추구했던 정조의 참모습이 제대로 조명되지 않았기 때문이다.

집권 중반을 넘기며 정조는 더욱 강력한 무력 기반을 갖추게 되었다. 10년 넘게 군권강화에 전력을 다했던 정조의 의중은 과연 무엇이었을까? 정조는 마침내, 그 숨겨왔던 뜻을 드러내기 시작한다.

사도세자의 묘.
경기도 수원시 소재.

정조의 친위부대, 장용영의 탄생

정조 13년(1789) 7월, 정조는 아버지 사도세자의 묘소를 수원의 명당
자리로 이전했다. 지금의 현륭원(顯隆園)이다. 사도세자의 복권 작업
은 정조 평생의 숙원이었다. 정조는 사도세자의 묘를 참배할 때마다
슬픔을 억제하지 못했다. 그리고 더 이상 아버지에 대한 원통함을 숨
기지 않았다.

> 잔디와 흙을 움켜잡고 울며 손톱이 상하는 지경에 이르렀다.
>
> —《정조실록》정조 18년 1월 20일

이런 정조의 모습을 지켜보던 노론 대신들은 두려움에 사로잡혔다.
심환지(沈煥之 · 1730~1802), 김종수(金鍾秀 · 1728~1799). 이병모(李秉

模·1742~1806). 이들은 모두 사도세자의
죽음에 정치적 책임이 있는 노론의 수장
들이었다. 당시 노론 세력들은 북촌(北村)
을 중심으로 거주하면서 한양을 지배하
고 있었다. 이 같은 집단거주를 통해 노
론은 더욱 결집된 힘을 키워나갔다.

서울시사편찬위원회 나각순 박사의 설
명에 따르면 정조 때 "정치적 개혁의 대
상이 됐던 인물들은 권력을 독점했던 노
론계였는데, 바로 그 핵심인물들이 북촌
을 중심으로 좌우에 살고 있었다"고 한
다. 북촌은 노론이 정치의 중심 권좌뿐
아니라 그 권좌를 뒷받침해주는 군사,
즉 당시 삼군부(三軍府)라 불리던 훈련도
감(訓鍊都監), 금위영(禁衛營), 어영청(御營
廳)과 같은 군부의 핵심 지위까지 장악할
수 있는 발판이 되었다. 또한 그들의 권
력을 경제적으로 뒷받침해주는 시전상

사도세자의 죽음에 정치적 책임이 있었
던 노론 심환지, 김병수, 이병모(위에서
부터).

인들의 경제권도 깊이 결탁돼 있었다. 한마디로 북촌은 정치적·경
제적 특권을 쥐고 조선을 쥐락펴락하던 세력이 집단적으로 거주했던
곳이다. 북촌의 노론들은 종로 일대의 상권을 장악하고, 이미 그 이
익까지 독점하고 있었다. 당시 그들의 폐단을 우려한 채제공(蔡濟恭·
1720~1799)이 "특정 세력이 이익을 독점하고 백성을 곤궁케 한다"는

노론 세력은 북촌을 중심으로 집단거주를 하며 한양을 지배했다.

상소를 올리기도 했다.

한양을 지배하던 노론에 맞서 정조가 선택한 대안은 바로 수원이었다. 정조 18년(1794), 정조는 신하들을 대동하고 팔달산에 올라 그 자리에서 화성 건설을 명했다.

> 성을 쌓는 것은 장차 억만 년의 유구한 대계를 위함에서이니…… 먼 장래를 생각하는 방책을 다해야 한다. ―《정조실록》정조 18년 1월 15일

당시 수원은 빠르게 성장하는 도시였다. 이곳에 정조는 요새 같은 신도시를 지었다. 대규모 행궁이 설치되고, 도시 외곽에는 6킬로미터

수원화성 모형.

에 이르는 거대한 성곽이 건설되었다. 정조는 또 경제개혁 조치를 통해 노론의 기반을 약화시키고, 수원을 상업도시로 발전시켰다. 화성에는 정조의 친위부대 장용 외영도 설치되었다. 배치된 병사 수가 6000여 명에 달했다.

정조는 화성과 장용영의 설치에 깊은 뜻[深意]이 있음을 강조한다. 박현모 교수에 따르면 정조가 "내가 깊은 뜻이 있다"라는 말을 자주 했다고 한다. 장용영을 세울 때는 물론, 수원화성 건설 때도 거듭 그 말을 했다는 것이다. 그 '깊은 뜻'이 무엇인지 사람들은 자연히 의구심을 품었다.

〈시흥행차도〉 일부. 정조 19년 윤2월, 아버지 사도세자와 어머니 혜경궁 홍씨의 회갑을 맞아 실시한 화성 행차를 기념하는 그림.

노론들을 벌벌 떨게 한 화성 행차

정조 19년 윤2월, 아버지 사도세자와 어머니 혜경궁 홍씨의 회갑을 맞아 정조는 화성 행차를 계획한다. 문무 관료와 군인 등 6000여 명의 수행원이 동원된 거대한 행렬이었다. 그러나 이는 단순히 회갑잔치를 위한 행사가 아니었다. 이날 정조는 황금갑옷을 입고 말을 타고 이동했다. 대규모 행차를 통해 정조는 자신의 '깊은 뜻'을 드러내고 있었다. 화성에서 정조는 야간훈련을 실시했는데, 당시의 현장을 그린 〈연거도演炬圖〉를 통해 그 규모를 짐작할 수 있다.

정조의 감독 아래 훈련에 임한 군사들은 모두 장용영의 병사들이

〈연거도〉 일부. 정조의 야간훈련 장면을 그린 그림.

었다. 병사들은 그동안 갈고닦은 무예 실력과, 정렬된 군대의 위용을 마음껏 드러냈다. 정조는 병조판서 심환지 등 노론 대신들이 이 모습을 지켜보게 하는 것도 잊지 않았다. 곳곳에서 매화포가 터지고, 성벽을 에워싼 1000여 명의 군사들이 횃불을 치켜들었다. 정조는 화성에서 제일 높은 곳인 서장대(西將臺)에 올라 군대를 진두지휘했다. 전시도 아닌데 임금이 황금갑옷을 입고 친히 군사들을 훈련시킨 것이다. 사상 유례가 없는 일이었다. 그렇다면 정조가 품고 있던 '깊은 뜻'이란 무엇이었을까?

김문식 교수는 "서장대에서 오후부터 새벽까지 수천 명의 군대가 밤새 군사훈련을 하는 장면이 연출되었는데, 이런 장면은 외적을 방비하기 위해서라고 생각할 수도 있지만 한편으로 정조에 반대하는

〈연거도〉 일부. 병조판서 심환지 등 노론 대신들이 야간 군사훈련 모습을 보고 있다.

정조가 야간훈련을
몸소 지휘했던 서장대.

세력들에게 엄청난 위력을 보여주는 계기가 되었을 것"이라고 풀이

한다. 즉 화성 행차는 정조가 그런 정치적 효과까지 고려한 성격의

행사였다는 의미다.

그렇다면 정조가 꿈꾼 정치는 과연 어떤 것이었을까? 동국대박물관에는 정조가 그린 〈국화도菊花圖〉가 소장되어 있다. 그림 한켠에는 정조의 호가 낙관으로 찍혀 있다. 낙관의 글씨는 萬川明月主人翁(만천명월주인옹), 즉 "모든 강을 비추는 달빛과 같은 존재"라는 뜻이다. 정조는 자신이 모든 강을 비추는 달빛 같은 존재임을 드러냈다. 그리고 신하를 구름에 비유하면서, 임금과 백성 사이에 구름이 끼지 않는 정치가 좋은 정치임을 강조한다.

정조가 그린 〈국화도〉. 동국대박물관 소장.

깨끗한 달빛이 환하게 비추니……
비록 구름이 그 빛을 가리더라
도…… 삽시간에 불과하다.

—《정조실록》 정조 7년 6월 15일

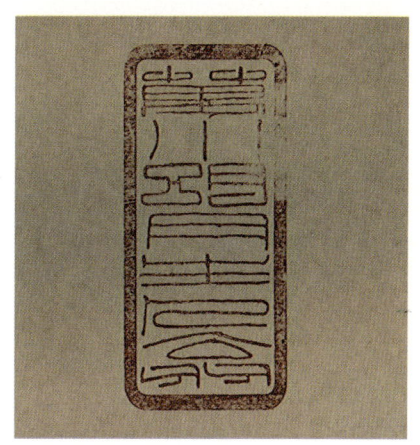

〈국화도〉에 찍힌 낙관을 확대해보면 '만천명
월주인옹'이란 글을 확인할 수 있다.

정조가 꿈꾼 것은 바로 임금과 백성이 직접 만나서 영향을 주고받는 정치였다. 박현모 교수의 지적대로 정조가 생각했던 좋은 정치란 "지배하는 사람은 왕 하나면 되고 나머지 신민들이 다 같은 백성, 같은 동포라는 마음을 가지고 더불어 살아가는 것"이었다. 달(정조)과

시냇물(백성)의 직접적인 만남과 조화로움, 간신배가 끼지 않는 그런 정치를 추구했던 것이다.

그러나 정조의 사상은 당시 노론들이 받아들일 수 없는 것이었다. 임금도 사대부의 일원이라는, 이른바 천하동례(天下同禮) 사상을 바탕으로 임금과 신하가 함께 백성을 다스려야 한다고 믿던 시절이었다.

좌절된 개혁의 꿈

1794년, 노론 대신들은 절대 군주권을 행사하려는 정조에게 대항해 결사적으로 들고 일어섰다. 그들은 도끼로 손가락을 찍고 혈서까지 써냈다. 임금과 신하들의 갈등은 극으로 치닫고 있었다.

> 임금이 거만하게 스스로를 성인으로 여기며 신하들을 깔보고 있다.
>
> —《정조실록》 정조 13년 11월 17일

> 신들은 죽으면 죽었지 감히 그 명을 받들지 못하겠습니다.
>
> —《정조실록》 정조 23년 3월 7일

그러나 군권을 장악한 정조는 더 이상 물러서지 않았다. "백성이 원하는 정치를 위해 이제 거침없이 진입할 것"이라고 천명하면서 신하들에게 마음을 단단히 먹을 것을 주문하기에 이른다.

정조 24년(1800) 5월 30일, 마침내 결단의 순간이 찾아왔다. 정조는 신하들을 향해 충격적인 선언을 했다. 그믐 날(晦)에 내려졌다고 해서 오회연교(五晦筵敎)라 불린다. 정조는 "오늘의 하교는 참다 참다 나온 것"이라고 말문을 열었다. 그리고 신하들에게 "모두들 자기 조부와 부친이 선조(先朝)를 위해 충성을 바쳤던 것처럼 하였더라면, 어찌 모년(某年)의 의리를 범하는 일이 벌어졌겠는가"라고 반문했다. '모년의 의리'란 바로 사도세자 사건이었다. 사도세자의 죽음에 직접적인 책임이 있는 노론 세력은 바짝 긴장했다. 정조의 오회연교 선언은 아버지 사도세자의 죽음에 대한 신하들의 책임을 묻고, 정조의 개혁 정치에 반대해온 노론 세력들을 척결하겠다는 협박에 가까운 것이었다. 신하들은 침묵으로 일관했다. 이로써 정조와 신하들의 결별이 시작되었다.

오월의 마지막 날, 이른바 오회연교를 통한 정조의 승부수. 그러나 일은 정조의 뜻대로 진행되지 않았다. 정조는 신하들의 냉담한 태도에 분노를 느끼고 강력한 경고를 보냈지만, 오회연교를 발표한 지 약 한 달 뒤인 6월 28일, 정조는 갑자기 숨을 거두고 만다. 오회연교 이후 정조는 등에 난 종기 때문에 약을 쓰고 있었다. 6월 14일에는 내의원 제조 서용보(徐龍輔)를 편전으로 직접 불러 경과를 물었다. 이후 숨을 거둘 때까지 《정조실록》에는 날마다 정조가 종기에 대한 약을 처방받거나 진찰을 받은 것으로 나와 있다.

너무도 갑작스러웠던 왕의 죽음. 오회연교 이후의 미묘한 정치적 시기에 찾아온 정조의 죽음은 여러 의혹들을 불러일으켰다. 남인들 사이에선 정조가 독살당했다는 소문까지 나돌았다. 개혁의 투지를

정조가 숨을 거둔 창경궁 영춘헌.

불태웠던 임금 정조의 꿈은 그렇게 사그라지고 말았다.

> 상께서 승하하던 날 삼각산이 울고 고을에서 벼가 하얗게 죽어버렸다.
>
> —《정조실록》 정조 24년 6월 28일

1800년 7월 4일, 11세의 어린 세자 순조가 즉위함과 동시에 정순왕후의 수렴청정이 시작되었다. 정순왕후는 수렴청정 직후 정승들에 대한 인사를 단행했다. 좌의정 심환지를 영의정, 우의정 이시수를 좌의정, 예조판서 서용보를 우의정으로 삼았다. 이로써 노론 벽파가 다시 의정부를 장악하게 되었다.

정조의 죽음과 함께 그가 이룬 개혁의 발판들도 모두 사라졌다. 장용영은 해체되었고, 백동수와 같은 무사들은 대거 숙청당했다. 임금 아래 차별 없는 세상을 꿈꿨던 정조. 노비제를 혁파하고 서얼 차별을 없애는 등 백성을 위한 정치를 펼쳤던 개혁군주 정조의 시대는 막을 내렸다.

이태진 교수에 따르면 정조는 항상 군주의 중요한 임무가 모든 백성을 돌보는 것임을 강조했다. 그리고 정조의 정치사상은 "소민들이 피해를 보는 상황을 타개하기 위해 내세운, 일종의 소민 보호주의를 실현하기 위한 것"이었다는 게 이 교수의 평가다.

18세기 조선은 가장 역동적인 시기이자, 동시에 총체적인 위기의 시대였다. 정조의 표현대로라면 당시는 "마치 병이 든 사람이 진기가 허약하여 혈맥이 막혀버린" 것과 같은 상황이었다. 나라를 쥐고 흔들던 신하들의 권세 속에서 정조는 문무의 조화를 통해 조선을 개혁하고자 했다. 정조 대왕. 그는 나라의 개혁을 위해 스스로 무인이 된 조선의 임금이었다.

한국사
傳
2

9

1636년 병자호란.

조선의 목숨이 위태로웠다.

인조는 결국 오랑캐라 부르던 이들에게 머리를 조아렸고,

그 굴복의 역사는 우리 손에 의해 비문에 새겨졌다.

그러나 찬양의 글귀는 수치심을 견디지 못한 누군가에 의해

모두 갈려 사라졌다.

그리고 그 비문을 지은 이경석 역시

부끄러운 이름이 되고 말았다.

난세의 충신
── 백헌 이경석

난세를 살았던 사람들의 이야기는 생존을 위한,
치열한 몸부림의 증언이다.
굴욕과 치욕으로 얼룩졌던 병자호란 시대의 삶 역시
위태롭고 혼란스러운 것이었다.
당시 조선의 재상이었던 이경석(李景奭 · 1595~1671)은
험난한 시대를 앞장서서 헤쳐나가야 했다.
그의 인생은 끊임없는 고민과 선택의 연속이었다.
삼전도비문(三田渡碑文)을 작성해야 하는 일 역시 마찬가지였다.

치욕의 삼전도비문, 쓸 것인가 말 것인가

병자호란이 끝난 지 10여 달이 지난 1637년 11월, 인조가 신료들을 은밀히 불렀다. 삼전도비에 새길 글을 지어오라는 것이었다. 인조 앞에 모인 네 명의 신하는 조희일(趙希逸·1575~1638), 장유(張維·1587~1638), 이경전(李慶全·1567~1644), 그리고 이경석. 모두 문장으로 이름이 높은 사람들이었다. 그러나 적을 칭송하는 항복 비문을 쓰라는 인조의 명은 곤혹스러운 것이었다. 네 신하는 모두 상소하여 사양했다.

항복의 상징인 비문을 쓰기에는 병자년 겨울의 비참했던 기억이 너무나 생생했다. 조선은 병자호란 때 청나라에 무참히 짓밟혔다. 삼전도 항복 비문을 쓴다는 것, 그것은 치욕을 기록하는 일이었다. 인조는 삼배구고두례(三拜九叩頭禮)라는 항복의식을 치렀다. 한 번 절할 때마다 세 번 머리를 조아리는 충성의 맹세였다. 인조가 머리를 조아린 상대는 한때 더러운 오랑캐〔醜虜〕라 여기던 자들이었다. 조선은 그때까지 여진족 사람들을 개〔犬〕, 혹은 돼지〔豚〕라 부르며 무시했다. 심지어 아이들마저 청 사신에게 돌을 던지며 욕을 했을 정도다.

> 그들이 성을 나갈 때 관중이 길을 메웠는데 여러 아이들이 기와 조각과 돌
> 을 던지며 욕을 하기도 했다. —《인조실록》인조 14년 2월 26일

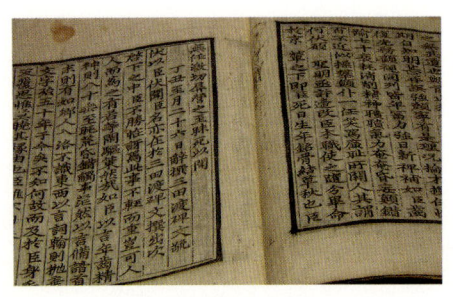

이경전의 문집 《석루유고》. 인조의 삼전도비문 찬술 명령에 "글 짓는 것을 포기한 지 거의 50년이 되었다"며 고사했다는 내용이 나온다.

그런 오랑캐를 칭송하는 항복 비문을 찬술하라니, 받아들이기 힘든 모욕이었다. 제일 먼저 이경전은 병을 핑계로 인조의 청을 거절했다. 그의 문집 《석루유고石樓遺稿》에는 비문 찬술을 거부한 이유가 적혀 있다.

> 신은 글 짓는 것을 포기한 지 거의 50년이나 됩니다. 무슨 연유로 신에게까
> 지 왔는지 모르겠습니다. —《석루유고》

역시 이름 높은 문장가였던 조희일은 일부러 글을 거칠게 지어 채택되지 않도록 했다.

이상배 서울시사편찬위원회 박사는 네 신하가 비문 찬술을 거부한 사건에 대해 "후대에까지 남을 문서에 청나라에 항복하는 내용을 기록하면 후일 냉혹한 역사의 평가를 받을 수 있기 때문에 영원히 남을 수 있는 글을 쓰지 않으려는 것은 어찌 보면 당연한 일이었다"고 설명했다.

신하들이 외면하는 사이 인조의 고민은 깊어갔다. 기세등등한 청나라는 무슨 일이든 벌일 수 있었다. 비문을 쓰지 않을 경우 인조의 왕위마저 빼앗을 기세였다. 심지어 청 태종은 "만일 그대에게 뜻하지 않은 일이 생기면 짐이 인질로 세운 아들(소현세자)로 하여금 왕위를 계승하게 할 것이다"라고 엄포까지 놓았다. 인조가 유고시 청나라에 인질로 잡혀간 맏아들 소현세자를 왕위에 앉히겠다는 말이었다.

이성무 역사문화연구원 원장은 "청의 식민지나 직할령이 되지 않고, 조선의 주권을 지키기 위해서는 비문 작성이 불가피했다"고 당시 상황을 설명한다.

결국 인조는 네 명의 신하들 가운데 장유와 이경석의 글만 채택해 심양으로 보냈다. 그러나 마지못해 지은 글이 청나라의 눈에 찰 리 없었다. 이들의 글은 심한 질책과 함께 되돌아왔다. 《심양장계瀋陽狀啓》에 당시의 상황이 자세히 기록되어 있다.

> 장유의 글은 인용문이 적절치 않아 채용할 수 없고, 이경석의 글은 너무 소략해서 고칠 곳이 많다. —《심양장계》

장유는 효종비인 인성황후의 아버지로 조선 중기를 대표하는 4대 문장가 중 한 사람이었을 정도로 글 솜씨가 빼어났다. 그런 그가 채택되지 않을 글을 썼다는 것은 다분히 의도적이라고밖에 볼 수 없었다. 이제 남은 사람은 이경석뿐이었다. 인조는 삼전도비에 국가의 존망이 걸려 있다며 이경석을 설득했다.

지금 저들이 이 글로 우리가 복종하느냐 배반하느냐를 시험하려고 하는 것이니, 이는 바로 국가의 존망이 판가름 나는 일이다. 오늘의 일은 다만 문자로 그들의 뜻을 맞추어 사세를 더욱 격화시키지 않도록 하는 것뿐이다

—《백헌집白軒集》

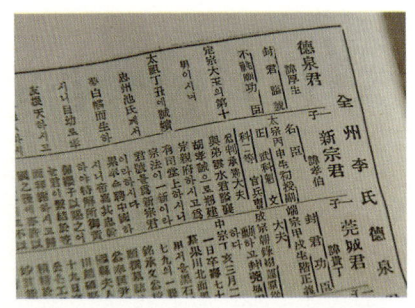

전주 이씨 덕천군파 족보. 이경석은 정종의 열 번째 아들인 덕천군의 6대손이다.

이경석의 문집인 《백헌집》.

글은 어디까지나 글일 뿐 명분 때문에 일을 그르치지 말자는 것이었다. 결국 공의(公意)를 선택할 것인가, 개인적 명분을 선택할 것인가의 기로에서 선택은 어디까지나 이경석의 몫이었다.

이경석은 명문가 출신으로, 조선의 2대 왕 정종의 열 번째 아들인 덕천군(德泉君 · 1397~1465)의 6대손이다. 열아홉 살에 문과에 장원급제한 뒤 요직을 거쳐 영의정에 올랐을 정도로 탄탄한 출세 가도를 달렸다. 시문에도 뛰어나 1800여 수에 달하는 시를 짓기도 했다. 삼전도비문만 작성하지 않았다면 후대에 아름다운 이름을 남길 수도 있는 재상이었던 것이다. 무엇을 따라야 하는가? 이경석은 대의와 현실 사이에서, 그리고 개인적 명분과 임금의 뜻 사이에서 고심을 거듭했다.

결국 이경석은 먹을 갈기 시작했다. 그리고 아무도 쓰지 않으려는

삼전도항복비문을 써내려갔다. 과연 그의 선택은 부끄러운 것이었을까? 현재의 관점에서 보면 이미 청나라에 항복했기 때문에 비문 작성은 어쩔 수 없는 일이라 생각할 수 있다. 그러나 당시의 가치체계를 염두에 둔다면 이야기는 달라진다. 당시는 명분을 목숨보다 중요하게 여기던 시대였다. 자신의 존재 가치를 송두리째 뒤흔들 수 있는 글을 쓴다는 것은 결코 쉽지 않은 결정이었다. 현실과 이상 사이의 괴리는 조선시대가 안고 있는 결정적인 모순이었다. 이 문제는 병자호란을 야기한 원인이자, 남한산성에서 끊임없이 계속되었던 갈등의 씨앗이기도 했다.

남한산성으로 쫓겨난 인조

1636년 12월 18일, 청나라 대군이 압록강을 건너 한양으로 진격했다. 그리고 불과 엿새 만에 도성에 육박했다.

12월 14일에 인조는 황급히 숭례문으로 빠져나가려 하지만 이미 청군이 포위한 뒤였다. 다급해진 인조는 시체를 내다버리는 수구문(광희문)을 통해 황급

청나라 군대가 한양으로 진격하자 인조는 시체를 내다버리는 수구문(광희문)을 통해 몰래 탈출했다.

청태조 누르하치.

히 탈출해야 했다. 《연려실기술》은 "동궁이 손수 말고삐를 잡고 채찍질하며 수구문을 나갔다"고 당시의 상황을 전한다. 그날 밤 인조는 나무꾼의 등에 업힌 채 남한산성에 도착했다. 신료들은 모두 도망치고 인조 일행을 수행하는 신하는 5~6명에 불과했다.

병자호란은 예견된 전쟁이었다. 명나라는 임진왜란을 계기로 세력을 잃고 몰락해가고 있었다. 그 틈을 타고 1616년에 누르하치는 후금을 세우고, 흩어진 여진족 부족과 몽골까지 복속시켜 만주 전역을 통일했다. 그리고 만리장성을 넘어 중국 전역을 차지하기 위해 명과의

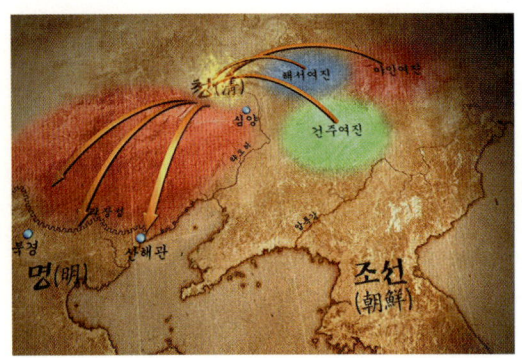

1616년 후금을 세운 누르하치는 흩어진 여진족 부족과 몽골까지 복속시켜 만주 전역을 통일하고 중국 전역을 차지하기 위해 명과의 본격적인 전쟁에 돌입했다.

본격적인 전쟁에 돌입했다. 빠르게 세력을 확장시킨 후금은 1636년 병자년에 국호를 청(淸)으로 고친다. 스스로 황제의 자리에 올라 명을 대신한 천하의 주인임을 선포하고, 조선에 대해 군신의 관계(君臣之義)를 맺을 것을 강요했다. 군신관계냐, 아니면 전쟁이냐 최후통첩이었다.

그러나 조선은 새로운 국제정세를 제대로 파악하지 못했다. 임금을 비롯한 조정의 여론은 청과의 외교를 단절하고 전쟁까지 불사해야 한

다는 척화론이 팽배했다. 조정의 실권을 쥐고 있는 자들은 모두 척화파였고, 감히 주화(主和)를 내세우기란 쉽지 않았다.

김용흠 연세대학교 국학연구원 연구교수는 "주화론을 제기하는 것은 곧 사대부들의 세계관 자체에 반대한다는 뜻이었다"고 설명한다. 실제로 주화론을 내세웠던 사람들은 그 후손까지 끊임없이 공격을 받았다. 누구도 이의를 제기할 수 없을 만큼 척화론이 대세인 시점이었다. 척화파는 청과의 외교 단절을 요구하며 청나라 사신의 목을 베야 한다고까지 주장했다. 위협을 느낀 사신이 도망가자 이를 통쾌하게 여겼다는 기록도 전한다.

청을 배격해야 한다는 척화파들의 목소리는 남한산성에 갇힌 뒤에도 여전히 줄어들지 않았다. 남한산성 안의 군사는 문관까지 포함해도 1만 2000명. 반면에 성을 포위한 청나라 군사는 조선군보다 10배나 많은 12만 8000명에 이르렀다. 이런 상황에서 유일한 희망은 강화뿐이었다. 그러나 강화교섭은 척화파의 반발에 부딪혀 결렬되었다.

남한산성은 깊이를 알 수 없는 낭떠러지로 떨어지는 듯했다. 그해 겨울은 유난히 추웠다. 방한복이 부족해 매서운 추위를 이기지 못하고 군사들은 죽어갔다.

> 장수와 군사들이 항상 밖에서 거처하여 얼굴빛이 푸르고 검어서 사람의 형상 같지 않고 살이 터지고 손가락이 빠져 참혹함을 차마 말할 수 없었다.
>
> ―《연려실기술》 25권 인조조 고사본말

배고픔도 남한산성을 옥죄어왔다. 식량은 한 달치밖에 없었다. 배급은 점점 줄었고, 짐승 소리마저 끊겼다.

> 성 중에 온갖 것이 다 군색해지고 말과 소가 모두 죽었다. 살아 있는 것은
> 굶주림이 심하여 서로 그 꼬리를 뜯어먹었다. —《연려실기술》25권 인조조 고사본말

딱한 사정은 임금도 마찬가지였다. 인조는 침구도 없어 옷을 입은 채 잠자리에 들어야 했다. 임금의 수라도 초라했다. 산성에 들어온 지 보름 뒤 인조에게 바쳐진 닭다리는 성 안에 얼마 남지 않은 마지막 몇 마리였다.

이런 사정을 뻔히 알고 있던 청이 조선을 조롱하고 나섰다. 1637년 1월 16일 오랑캐가 '초항(招降: 항복하라)'이란 글자를 성 안으로 보냈다. "너희는 어찌하여 한 번 싸워보지 않는가. 너희가 아비처럼 섬기던 명나라가 장차 어떻게 너희를 구원하겠는가"라며 항복을 권유한 것이다.

이렇게 급박한 상황에서도 척화파는 여전히 입장을 굽히지 않았다. "군사가 모두 죽고 사대부가 다 죽은 후에 빌더라도 늦지 않을 것"이라는 입장을 고수했다. 김용흠 교수는 척화파들이 자신들의 입장을 끝까지 고수한 이유는 "당시 척화파들에게 명분과 의리를 지키는 것은 인간으로서의 도리를 지키는 것이었기에 국가의 존망이 달린 상황에서도 자신들의 입장을 고수할 수밖에 없었다"고 설명한다.

치욕의 삼배구고두례

그런데 이런 상황을 우려의 눈길로 바라보는 이가 있었다. 이경석이었다. 그가 볼 때 척화는 현실을 고려한 판단이 아니었다. 이경석은 탄핵을 감수해가며 척화를 경계했다.

> 척화의 한 가지 일은 진실로 바르고 명쾌하지만 나라 일과 민심은 믿을 만한 것이 없다. —《백헌연보》병자조

이상배 박사는 "주자학자였던 이경석이 척화를 주장하지 않은 것은 전쟁이 발발했을 때 조선으로서는 달리 대응책이 없었기 때문"이라고 설명한다. 더 이상 싸울 수도 없고 또 지킬 수도 없다면 화친만이 유일한 현실적 대안이었다. 김용흠 교수의 말을 빌리면, 이경석에게는 "주화파 개인의 명분보다는 백성들을 곤란에 빠지지 않게 하는 치자(治者)로서의 책무가 우선"이었다.

조선 조정이 척화와 주화의 대립으로 시간을 끌자 청은 홍의포(紅衣砲)를 쏘기 시작했다. 홍의포는 17세기 초에 네덜란드에서 명나라에 전해진 무기로, 청은 이 무기를 주로 공성(攻城) 작전에 사용했다. 성 안은 그야말로 공황 상태에 빠졌다.

홍의포.

> 오랑캐가 대포를 쏘았는데 탄환이 거위알만 했으며 맞아서 죽는 자가 있었
> 으므로 성 안의 사람들이 모두 놀라고 두려워했다.
>
> —《인조실록》인조 15년 (1637) 1월 19일

마침내 병사들은 이런 사태를 불러온 당사자인 척화파를 청에 넘기라고 항의했다.

> 오늘의 사태는 모두가 명사들의 고상한 논의에서 비롯된 것이니 이 무리들
> 을 제거하지 않으면 나라가 될 수 없다. —《연려실기술》25권 인조조 고사본말

나아갈 수도, 돌아갈 수도 없는 길. 남한산성에는 희망의 실오라기조차 남아 있지 않았다. 임금의 두 눈에서 눈물이 흘렀다. 인조는 "연소한 자들의 사려가 너무 얕고 과격한 논의가 끝내 이 같은 화를 부른 것"이라며 뒤늦은 후회를 하였다.

남한산성에 들어온 지 45일째 되는 날, 인조는 성을 나섰다. 임금의 옷 대신 신하의 옷을 입고 정문인 남문이 아니라 서문으로 나갔다. 청이 "용포는 착용할 수 없다. 죄를 지은 사람은 정문을 통해 나갈 수 없다"라고 요구했기 때문이다.

1637년 1월 30일 삼배구고두례. 그 순간부터 명이 아니라 청이 천하의 주인임을 확인하는 의식이었다. 전쟁이 끝난 후 청은 삼배구고두례를 한 그 자리에 삼전도비를 세우게 했다. 비문은 한문과 만주어, 그리고 국제어인 몽골어로 새겨 넣었다. 이제는 청이 천하의 주인임을 만천하에 선포하는 의미에서였다. 김용흠 교수는 청이 삼전

병자호란 때 절의를 위해
목숨을 바친 삼학사의 위패를 모셔놓은 현절사.

삼학사(오달제, 윤집, 홍익한)와
김상헌, 정온의 위패

도비를 세우게 한 의도는 "조선의 지배층이 절대시하던 주자학의 명분과 의리는 당시 변화하고 있던 국제정치의 현실을 무시한 잘못된 인식임을 각인시키고자 한 것"이라고 설명한다.

청군의 함성과 조선의 통곡으로 가득했을 남한산성. 370년 전의 그날을 사람들은 어떻게 기억하고 있을까? 당시 나라를 지키기 위해 순절한 이들을 기리는 현절사(懸絶祠)가 근처에 세워져 있다. 그곳에 절의를 지키다 죽어간 삼학사(三學士)인 오달제(吳達濟·1609~1637), 윤집(尹集·1606~1637), 홍익한(洪翼漢·1586~1637)을 비롯해 김상헌

(金尙憲 · 1570~1652), 정온(鄭蘊 · 1569~1641)의 위패를 모셔놓았다. 이들은 모두 척화파였다. 과연 우리가 기억해야 할 사람들은 명분을 위해 살다 간 척화파뿐일까?

따지고 보면 척화파들의 이름이 기억될 수 있도록 남한산성의 문을 연 사람은 자신의 명예를 더럽혀가며 현실론을 추구한 주화파였다. 살아남았기 때문에 이어질 수 있었던 역사 앞에서 이들 행동의 옳고 그름을 가리기란 쉬운 일이 아니다. 하지만 나라가 위기에 처했을 때 책임 있는 관료로서 취해야 할 행동은 분명하다. 바로 백성을 먼저 생각하는 것이다.

난세를 헤쳐간 실무형 관료

청나라에 대한 항복식을 치른 인조는 45일 만에 도성으로 돌아왔다. 그러나 도성은 예전의 모습을 찾아볼 수 없을 만큼 청나라의 손에 철저히 유린당한 후였다.

> 크고 작은 인가들이 모두 타버렸다. 길 가운데는 죽은 사람의 시체가 잇대어 있었다.…… 단지 개 짖는 소리만이 있었는데 사람 고기를 먹으며 미쳐서 날뛰고 있었다. ─《연려실기술》25권 인조조 고사본말

전쟁은 끝났지만 절망적인 상황은 끝날 줄 몰랐다. 마을은 텅 비었

병자호란 때 청나라에서 돌아온 여성들이 목욕을 하면 몸이 깨끗해진다고 알려졌던 홍제천.

다. 수많은 남녀노소 백성들이 청나라군에 잡혀 머나먼 만주 땅으로 끌려갔다. 그때 청나라에 포로로 끌려간 백성이 50만 명에 이른다는 기록도 있다. 이들은 고향으로 돌아오기 위해 돈을 바쳐야 풀려날 수 있었다. 이른바 속환(贖還)이었다. 돈 있는 자는 식솔을 데려왔으나 가난한 백성은 그럴 수 없었다. 그 모습을 본 이경석은 국고를 열어 백성들을 속환해야 한다고 주장했다.

> 가난한 일반 백성들은 돈을 치를 수가 없습니다. 나라에서 은을 줘서 돌아
> 오게 해야 합니다. ─《인조실록》인조 15년 2월 13일

그러나 청나라에서 돌아온다 한들 백성들, 그중에서도 특히 여인들은 갈 곳이 없었다. 여자들은 절박한 심정으로 홍제천(弘濟川)을 찾

았다. "도성 안에서는 중국에서 돌아온 환향녀(還鄕女), 즉 청나라에 잡혀갔던 여자들이 홍제천 맑은 물에서 목욕을 하면 몸이 깨끗한 것으로 인정받는다는 이야기가 돌았고, 실제로 여자들은 홍제천에서 몸을 씻고 도성으로 들어갔다"는 서울문화사학회 이상협 박사의 이야기는 그 시절의 슬픈 상황을 짐작케 한다.

당시 도성을 감싸고 흐르던 홍제천에는 청에 끌려갔다 돌아온 수많은 여인의 아픔이 흐르고 있다. 신하는 두 임금을 섬기지 않고(不事二君), 부인은 두 남편을 따르지 않는다(不事二夫)는 것이 조선시대를 관통하던 지배적인 가치관이었다.

> 우한의 딸은 목매어 죽었다. 그 동생도 같이 죽었다. 심지담의 어머니와 아내, 첩과 자식이 모두 죽었다. 이돈오의 아내는 시어머니, 동서와 같이 스스로 목을 찔렀다. 정선흥의 아내가 살려달라 하니 "빨리 죽는 것이 옳다" 하였다. 물에 떨어져 죽은 자들이 얼마나 되는지 알 수가 없다. 머리 수건이 물에 떠 있는 것이 마치 연못물에 떠 있는 낙엽이 바람을 따라 떠다니는 것 같았다. ―《연려실기술》 26권 인조조 고사본말

비극은 대물림되었다. '환향녀' 들은 자식의 앞길까지 가로막는 존재가 되었다. 《현종개수실록》의 1667년 8월 7일자 기록을 보면 환향녀 자식들의 거취 문제에 대한 논의가 분분했음을 알 수 있다. "포로로 잡혀간 것은 개가한 것과 똑같이 절개를 잃은 것이기에 그 자손의 벼슬길을 허락해서는 안 된다"는 것이 사대부들의 논리였다. 이에 대해 이경석은 "포로로 잡혀간 것은 개가한 것과는 다르므로, 그 자손

의 벼슬길을 막는다는 것은 가혹하다"고 반박했다. 인조는 다수의 여론을 물리치고 이경석의 말을 따랐다.

전쟁의 후유증은 끝이 없었다. 전후 다수의 척화파들은 조정을 떠나 낙향했다. 불사오군(不事汚君), 즉 더러운 임금을 섬길 수 없다는 이유에서였다. 명분론자들이 볼 때 임금이 오랑캐에게 항복한 것은 대의를 잃어버린 행동이었다. 그렇기 때문에 더 이상 임금을 따를 수 없었다. 그런 명분 외에 "고위관직에 오를 경우 자식들을 청에 인질로 보내야 하는 위험과 청국 사신에게 접대해야 하는 일 등의 현실적인 이유"까지 고려한 선택이었다고 김용흠 교수는 설명한다.

국론은 분열되고, 척화파를 비난하는 여론이 조정에 들끓었다. 인조의 배신감도 커져갔다. 인조에게 이들은 나라의 존망보다는 자신의 명예만을 좇는 무리였다.

> 이들은 나라의 존망은 도외시하고 명예만을 차지하려 하였으니 매우 가증스럽다. ―《인조실록》인조 17년 3월 25일

그러나 이경석은 주화파였음에도 불구하고 척화파를 끌어안을 것을 주청했다. 전후 수습이 시급한 시기, 옳고 그름을 떠나 척화파와 주화파가 함께 힘을 모아야 했기 때문이다. 김용흠 교수는 "명분과 의리 못지않게 현실의 중요성도 인정했다"는 점이 이경석과 다른 사대부들의 차이점이라고 설명한다.

벼슬에 있다는 것만으로도 용기가 필요했던 시절에 이경석은 도승지, 이조참판, 이조판서에 올라 난세를 헤쳐나갔다. 이경석이 특히

남별궁지. 1917년 환구단으로 개축.

힘을 기울인 것은 인재 발탁이었다. 숨은 인재들의 이름을 '인대(人
儓)'라는 인재 추천용 메모장에 적어두었다가 당파에 관계없이 등용
했다.

이상배 박사는 이경석의 행적 중에서도 "능력을 고려하여 붕당에
치우치지 않고 공정하게 인재를 등용한 점"을 가장 높이 평가한다.
실제로 송시열을 비롯한 많은 재상과 판서들이 바로 이경석이 등용
한 인사들이었다.

백헌 이경석. 그는 주의주장보다는 현실을 먼저 생각하는 정치인
이었다. 우리가 기억하는 조선시대의 인물들은 주로 이념에 투철한
학자형 정치가들이다. 그에 반해 이경석은 닥쳐온 현실을 받아들이
고 묵묵히 직분을 수행한 실무형 관료였다. 실제로 이경석과 같은 인
물이야말로 국가가 어려움에 처했을 때 가장 필요한 인재였다.

노블레스 오블리주

효종 즉위년인 1649년, 청 사신의 방문이 조선을 긴장시켰다. 조선에서 성곽 수리를 하고 병사를 훈련시킨 사실이 발각된 것이다. 효종은 북벌을 위해 성을 수리하고 병사를 양성하려고 기회를 노리고 있었다. 그런데 이는 병자호란 항복 당시 청에서 엄격히 금지시킨 일이었다. 효종이 북벌을 위해 본격적인 준비에 나섰다는 것이 사실로 밝혀질 경우 사태는 돌이킬 수 없는 지경까지 커질 수 있었다. 청나라가 다시 군대를 이끌고 올 것이란 소문이 돌면서 민심은 극히 흉흉해졌고, 조선은 또다시 벼랑 끝에 몰렸다. 김용흠 교수에 따르면 "청나라가 언제든 군사력을 투입할 수 있다고 위협했고 또 충분히 그럴 만한 능력이 있었기에 실제로도 엄청난 위기상황이었다"고 한다.

영의정 자리에 있던 이경석은 병치레 중이었음에도 사태를 조금이라도 진정시키고자 몸소 평안북도 청천강(淸川江)을 건너 의주까지 사신을 마중 나갔다. 《연려실기술》은 "한밤중 곧장 충신의 심정으로 강을 건너니 이내 마음 오로지 귀신만이 알아줄 뿐이로다"라고 강을 건널 당시 이경석의 심경을 전한다.

이경석이 청사신이 머물던 남별궁(南別宮)에 이르자 사신이 나와서 이경석을 심문했다.

> 청 사신: 대국에 아뢴 글은 누가 지었는가?
>
> 이경석: 내가 지었소.
>
> 청 사신: 그럴 리가 없다. 반드시 국왕이 한 일일 것이다.

이경석: 내가 지었소. 내가 수상이니 모든 것이 나의 책임이오.

청은 북벌의 주모자를 집요하게 캐물었지만 이경석의 대답은 한결 같았다. 이성무 원장은 "청은 이미 모든 정보를 입수하고 공공연하게 북벌운동을 벌이는 효종을 문책하려고 노렸지만, 이경석이 끝까지 막아선 것"이라 설명한다.

청 사신: 대감이 정말로 혼자 지은 것이오?
이경석: 내가 혼자 지은 것이오.

—《연려실기술》 30권 효종조 고사본말

서슬 퍼런 청 사신 앞에서 홀로 책임을 진다는 것, 그것은 곧 죽음을 의미했다. 이날 여러 신하들은 안색이 파랗게 질린 채 벌벌 떨었으며, 백헌의 가족들은 초상 도구를 마련하고 궐문 밖에서 기다리고 있었다. 충분히 빠져나갈 수도 있는 상황이었지만, 이경석은 영의정으로서 모든 책임을 떠안고 귀양길에 올랐다. 효종은 불행한 시대에 자신을 대신해 유배 간 노 신하에 대해 "국경산천이 아득히 멀어 그리움이 간절하겠지만, 천도가 밝으니 서로 만날 날이 있을 것이다"라고 안타까운 마음을 표현했다고 《연려실기술》은 전한다.

이경석의 유배지는 북쪽의 국경 근처인 압록강변의 백마산성(白馬山城, 평안북도 피현군)이었다. 그는 그곳에서 위리안치(圍籬安置), 즉 도망치지 못하도록 에워싼 가시 울타리에 갇혀 청의 처분을 기다려야 했다. 사나운 짐승소리만이 간간이 들릴 뿐인 첩첩산중의 유배지였지만 이경석은 떳떳했다.

> 내가 비록 유배되었으나 임금께 죄를 입은 것은 아니니 가시 울타리가 어찌 나의 거동을 제한하리오. —《연려실기술》

이성무 원장은 "최고 책임자로서 문제가 생겼을 때 몸을 사리지 않고 결과에 책임을 지는 살신성인의 모습이 지금 시대 공직자들에게 시사하는 바가 크다"고 평가한다. 높은 뜻과 준엄한 말만이 가득했던 시대, 그 속에서 이경석이 목숨을 걸고 지킨 것은 관료로서의 책임의식이었다.

백마산성에 갇혀 있던 이경석은 1년 뒤, 효종과 조정의 구명활동으로 돌아올 수 있었다. 하지만 청이 내건 조건은 영불서용(永不敍用), 즉 관직에 영원히 등용하지 않는다는 것이었다.

이경석의 신도비. 옛 비석과 근래에 새로 세운 비석 두 개가 나란히 서 있다. 성남시 분당구 석운동 소재.

그보다 앞선 2년 전에도 이와 비슷한 일이 있었다. 조선이 그간 명나라와 은밀히 내통한 사실이 탄로나자, 그때도 이경석은 죄를 뒤집어쓰고 청나라의 만주 봉황성(鳳凰城)에 갇혔고, 역시 인조의 끈질긴 노력으로 풀려날 수 있었다. 정작 이경석 자신은 소리 높여 척화를 주장한 일이 없는데도 청나라 조정의 블랙리스트 맨 윗줄에 올라 있었다. 청나라는 이경석을 24시간 예의주시하며 감시의 고삐를 늦추지 않았다. 청나라 입장에서 이경석은 서울에 모습을 보이기만 해도 조선 조정을 협박해야 할 정도로 요주의 인물이었던 것이다.

삼조의 충신, 잊혀진 그 이름

이경석은 나라와 임금을 구한 충신으로서 당대에 칭송과 인정을 받았다. 그러나 지금은 단지 삼전도비문을 지은 지조 없는 인물로 기억되고 있다. 그 이유는 무엇일까?

경기도 성남시 분당구 석운동에 자리한 이경석 신도비(神道碑). 특이하게 두 개의 비석이 서 있다. 하나는 옛 비석이고, 다른 하나는 이경석의 후손들이 30여 년 전에 새로 세운 것이다. 그런데 원래의 비석은 글자가 보이지 않는다. 자연스런 풍화작용이 아니라 누군가에 의해 깎여나간 흔적이 역력하다. 남아 있는 글씨는 전(소)자 정도이고 그 외의 글씨는 도저히 확인할 수 없다. 전주 이씨 백헌공파의 이용성 종중이사장은 "어린 시절, 이경석의 묘비가 길 옆에 쓰러져 누워 있었고, 그 위에 갓이 얹혀져 있던 모습을 기억하고 있다"고 증언한다. 250여 년간 그의 비석은 깎인 채 쓰러져 있었던 것이다.

이경석의 옛 신도비엔 누군가가 고의로 글씨를 깎아낸 흔적이 역력하다.

어찌된 일일까? 경기도박물관에는 이경석이 74세에 현종으로부터 하사받은 궤장(几杖, 보물 제930호)이 있다. 궤장이란 공이 높고 일흔을

이경석이 현종으로부터 하사받은 궤장.
경기도박물관 소장.

287

《사궤장연회도첩》 일부. 궤장을 하사받는 날의 풍경을 담은 그림이다.

넘긴 신하에게 왕이 직접 내리는 의자와 지팡이로, 궤장을 받는다는 것은 신하로서 최고의 영예였다. 궤장을 받는 신하가 100년에 한 명 나올까 말까 할 정도로, 요즘 시대에 훈장을 받는 것보다 훨씬 영광스런 상징물이었다고 한다. 궤장은 결국 국가를 위해 자기 몸뿐 아니라 모든 것을 바쳐 헌신했다는 것을 군주가 인정한다는 뜻이 된다.

신하가 궤장을 하사받는 것은 이경석이 반세기 만에 처음이었다. 이경석이 궤장을 하사받던 날 현종은 놀이패를 보내 연회를 베풀어줬는데, 고위 관료들도 모두 참석해 축하했다. 《사궤장연회도첩賜几杖宴會圖帖》에는 사신이 궤장을 받고 연회를 갖는 장면이 묘사되어 있다.

당대 이경석에 대한 공식적인 평가는 삼조, 곧 인조, 효종, 현종의 충신이었다. 그러나 명분론자들의 입장에서 볼 때 이경석은 결코 자